Otto Mayr

Hausaufgaben Mathematik

Abwechslungsreich üben in drei Differenzierungsstufen
mit Möglichkeiten zur Selbstkontrolle

7

Auer Verlag

Gedruckt auf umweltbewusst gefertigtem, chlorfrei gebleichtem
und alterungsbeständigem Papier.

1. Auflage 2013
Nach den seit 2006 amtlich gültigen Regelungen der Rechtschreibung
© Auer Verlag
AAP Lehrerfachverlage GmbH, Donauwörth
Alle Rechte vorbehalten.
Das Werk und seine Teile sind urheberrechtlich geschützt. Jede Nutzung in anderen als den gesetzlich zugelassenen Fällen bedarf der vorherigen schriftlichen Einwilligung des Verlages.
Hinweis zu § 52 a UrhG: Weder das Werk noch seine Teile dürfen ohne eine solche Einwilligung eingescannt und in ein Netzwerk eingestellt werden. Dies gilt auch für Intranets von Schulen und sonstigen Bildungseinrichtungen.
Satz: Typographie & Computer, Krefeld
Druck und Bindung: Kessler Druck + Medien GmbH, Bobingen
ISBN 978-3-403-06739-9

www.auer-verlag.de

Inhaltsverzeichnis

Vorwort 5

Brüche und Dezimalbrüche

Brüche darstellen 6
Brüche addieren und subtrahieren 7
Brüche multiplizieren und dividieren 8
Brüche in Dezimalbrüche verwandeln 9
Dezimalbrüche runden 10
Dezimalbrüche addieren und subtrahieren 11
Dezimalbrüche multiplizieren und dividieren 12
Brüche und Dezimalbrüche 13
Brüche und Dezimalbrüche – neue Aufgabenformen 14

Prozent

Anteile mit Brüchen beschreiben 15
Bruch und Prozent 16
Bruch – Dezimalbruch – Prozentsatz 17
Prozentsätze darstellen 18
Prozentwert, Grundwert, Prozentsatz 19
Preiserhöhung und Preissenkung 20
Brutto – Netto – Tara 21
Rabatt – Skonto – Mehrwertsteuer 22
Prozentschaubilder 23
Prozent – neue Aufgabenformen 24

Ganze Zahlen

Negative und positive Zahlen 25
Zustandsänderungen 26
Ganze Zahlen addieren und subtrahieren 27
Ganze Zahlen multiplizieren und dividieren 28
Ganze Zahlen – neue Aufgabenformen 29

Geometrie 1

Dreiecke 30
Vierecke 31
Dreiecke und Vierecke als Körperflächen 32
Winkelsumme bei Dreiecken und Vierecken 33
Dreiecke zeichnen (1) 34
Dreiecke zeichnen (2) 35
Das Koordinatensystem erweitern 36
Geometrie 1 – neue Aufgabenformen 37

INHALTSVERZEICHNIS

Terme und Gleichungen

Rechenregeln	38
Rechengesetze	39
Terme ansetzen	40
Terme mit Variablen	41
Gleichungen lösen	42
Gleichungen aufstellen	43
Gleichungen bei Geometrieaufgaben	44
Terme mit zwei Variablen	45
Vom Text zur Gleichung	46
Terme und Gleichungen – neue Aufgabenformen	47

Geometrie 2

Umfang und Fläche des Dreiecks	48
Umfang und Fläche von Rechteck und Parallelogramm	49
Rauminhalt und Oberfläche von Quadern	50
Rauminhalt und Oberfläche von drei- und vierseitigen Prismen	51
Fläche und Umfang von Trapez, Drachen und Raute	52
Geometrie 2 – neue Aufgabenformen	53

Funktionen und Größen

Proportionale Funktionen berechnen	54
Proportionale Funktionen graphisch darstellen	55
Funktionsgleichungen	56
Funktionen und Größen – neue Aufgabenformen	57

Lösungen 58

Vorwort

Sie sind auf der Suche nach Mathematikhausaufgaben, die für die Schüler[1] hilfreich und für Sie als Lehrer praktisch sind? Wir haben in dieser Reihe ein Konzept entwickelt, das diese Voraussetzungen erfüllt. Jeder Band enthält:

- alle Themen des Lehrplans der jeweiligen Jahrgangsstufe
- Differenzierung der Aufgaben in „leicht" ★ „mittel" ★★ und „schwierig" ★★★
- Hilfestellungen für die Schüler in Form von Gedankenblasen zur jeweiligen Aufgabe
- vorgegebene Lösungen zur Selbstkontrolle
- Action-Aufgaben – offene Aufgabenformen, bei denen die Schüler selbst tätig werden und auch mal ihren Schreibtisch verlassen, ihr Fenster vermessen, Eierkartons zur Demonstration des Prozentbegriffs besorgen etc.
- Hinweise zur weiteren Vertiefung des Themas (z. B. Internet-Recherche).

Jeder Band enthält alle grundlegenden mathematischen Inhalte der jeweiligen Jahrgangsstufe, gegliedert nach Themen, und alle grundlegenden Berechnungen zu den jeweiligen Bereichen.

Jeder Band eignet sich durch gezielte Hilfestellungen sowohl zur qualifizierten Erarbeitung mathematischer Problemstellungen als auch zur zielführenden Einübung und Wiederholung des Gelernten.

Somit können die Hausaufgaben optimal zur Vorbereitung einer Mathematikprüfung eingesetzt werden, wenn ein oder alle Schüler einen speziellen Themenbereich nochmals üben sollen.

Der Band für die Jahrgangsstufe 7 erhält zusätzlich Hausaufgaben, die die Schüler konkret auf die Prüfung zum mittleren Schulabschluss vorbereiten.

Die Aufgaben ermöglichen den Schülern eigenständig zu arbeiten, strukturierte Lösungswege, Tipps und Hinweise unterstützen den Schüler darin, das Ergebnis durch gezieltes Nachverfolgen der Lösungsstrategie selbst zu finden.

Die Möglichkeiten zur Selbstkontrolle motivieren und lassen die Schüler gleich zu Hause erkennen, ob sie die Aufgaben richtig gelöst haben.

Jeder Band eignet sich durch eine Auswahl an leichten, mittleren und schwierigen Aufgaben zur optimalen Differenzierung im Hinblick auf die heterogenen Leistungsstärken der Schüler.

Jeder Band ermöglicht Ihnen, Ihre wertvolle Vorbereitungszeit mehr der Stundenplanung als der Suche nach passenden Aufgabenstellungen für die Hausaufgaben zu widmen.

Jeder Band unterstützt den vorangegangenen Unterricht in solider Weise durch eine gezielte Auswahl der Aufgabenstellungen, die den Unterrichtsstoff effektiv wiederholen.

Die Materialien eignen sich auch hervorragend zur Wochenplanarbeit.

Ich wünsche viel Erfolg bei der Arbeit.

Otto Mayr

---

[1] Aufgrund der besseren Lesbarkeit werden in diesem Buch ausschließlich die männlichen Formen verwendet. Wenn von Schüler gesprochen wird, ist immer auch die Schülerin gemeint, ebenso verhält es sich mit Lehrer und Lehrerin.

BRÜCHE DARSTELLEN

★ 1. Welche Bruchteile sind schwarz gefärbt?

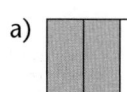

a) 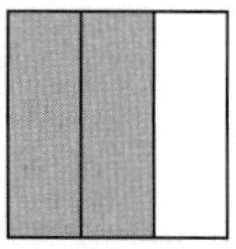   b) 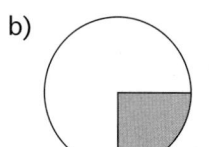   c) 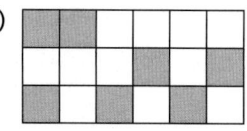   d)

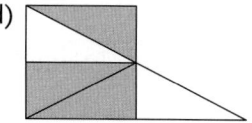

★ 2. Fülle jeweils ... der Fläche farbig aus.

a) $\frac{1}{6}$ 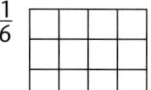   b) $\frac{2}{3}$ 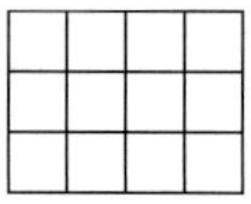   c) $\frac{3}{4}$ 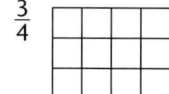   d) $\frac{3}{12}$

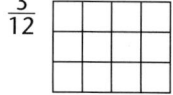

★★ 3. Verwandle ...

a) in Minuten:

$\frac{1}{4}$ h = _____
$\frac{1}{3}$ h = _____
$\frac{1}{6}$ h = _____
$\frac{1}{12}$ h = _____

b) in Gramm:

$\frac{1}{2}$ kg = _____
$\frac{1}{5}$ kg = _____
$\frac{3}{4}$ kg = _____
$\frac{9}{10}$ kg = _____

c) in Liter:

$\frac{1}{2}$ hl = _____
$\frac{2}{5}$ hl = _____
$\frac{1}{4}$ hl = _____
$\frac{7}{10}$ hl = _____

★★ 4. Erweitere die folgenden Brüche mit ...

3: a) $\frac{2}{5}$ b) $\frac{1}{7}$ c) $\frac{4}{9}$ d) $\frac{2}{11}$

5: a) $\frac{1}{2}$ b) $\frac{2}{3}$ c) $\frac{3}{8}$ d) $\frac{1}{5}$

★★ 5. Mit welchen Zahlen sind die folgenden Brüche erweitert?

a) $\frac{3}{8} \rightarrow \frac{9}{24}$ b) $\frac{4}{7} \rightarrow \frac{8}{14}$ c) $\frac{11}{4} \rightarrow \frac{55}{20}$ d) $\frac{7}{2} \rightarrow \frac{49}{14}$

★★ 6. Kürze die folgenden Brüche mit ...

4: a) $\frac{8}{12}$ b) $\frac{32}{40}$ c) $\frac{12}{84}$ d) $\frac{56}{24}$

7: a) $\frac{7}{14}$ b) $\frac{21}{84}$ c) $\frac{70}{77}$ d) $\frac{147}{49}$

★★ 7. Mit welchen Zahlen sind die folgenden Brüche gekürzt?

a) $\frac{35}{63} \rightarrow \frac{5}{9}$ b) $\frac{96}{100} \rightarrow \frac{24}{25}$ c) $\frac{36}{72} \rightarrow \frac{4}{8}$ d) $\frac{33}{110} \rightarrow \frac{3}{10}$

★★★ 8. Ergänze.

a) $\frac{3}{8} = \frac{12}{\square}$ b) $\frac{\square}{18} = \frac{12}{2}$ c) $\frac{72}{120} = \frac{\square}{20}$ d) $\frac{3}{\square} = \frac{21}{133}$

★★★ 9. Richtig oder falsch?

a) $\frac{5}{6} = \frac{250}{300}$ b) $1\frac{1}{2} = \frac{21}{14}$ c) $\frac{52}{75} = \frac{4}{5}$ d) $\frac{28}{12} = 2\frac{1}{3}$

Brüche – Dezimalbrüche

BRÜCHE ADDIEREN UND SUBTRAHIEREN

1. Beschreibe durch Addition.

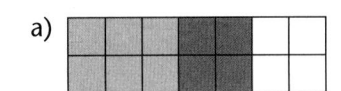

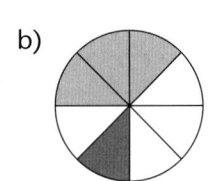

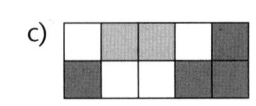

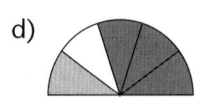

a)   b)   c)   d)

2. Addiere.

a) $\frac{2}{3} + \frac{1}{4} =$ b) $\frac{3}{5} + \frac{1}{6} =$ c) $2\frac{1}{2} + \frac{3}{7} =$ d) $\frac{8}{9} + 1\frac{1}{3} =$

3. Subtrahiere.

a) $\frac{3}{4} - \frac{1}{5} =$ b) $\frac{7}{9} - \frac{1}{3} =$

c) $3\frac{1}{2} - \frac{2}{5} =$ d) $\frac{15}{6} - 1\frac{1}{4} =$

→ *Lösungen zu 2 und 3*

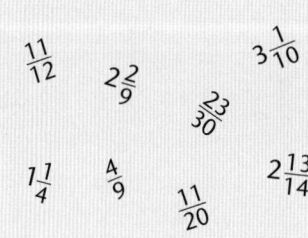

$\frac{11}{12}$ $2\frac{2}{9}$ $3\frac{1}{10}$ $\frac{23}{30}$ $1\frac{1}{4}$ $\frac{4}{9}$ $\frac{11}{20}$ $2\frac{13}{14}$

4. Bestimme das Ergebnis.

a) $3\frac{1}{6} + 2\frac{1}{2} + \frac{1}{4} \quad \frac{17}{12} =$ b) $\frac{37}{5} \quad 2\frac{1}{2} + \frac{19}{10} \quad \frac{3}{4} =$

5. Bei einer viertägigen Wanderung von insgesamt 70 Kilometern legt Familie Weber am ersten Tag die Hälfte, am zweiten Tag ein Siebtel, am dritten Tag zwei Siebtel der Wegstrecke zurück.

a) Welchen Bruchteil des Weges hat sie in den ersten drei Tagen zurückgelegt?
b) Wie viele Kilometer hat sie zurückgelegt?
c) Welchen Bruchteil des Weges muss sie noch zurücklegen?
d) Wie viele Kilometer muss sie noch zurücklegen?

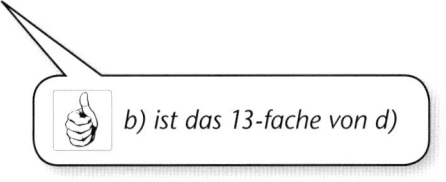

b) ist das 13-fache von d)

6. Aus einer Teigmaschine wird zunächst ein Drittel, dann ein Sechstel, anschließend ein Viertel und zuletzt ein Fünftel des Teigs entnommen.

Stelle den Sachverhalt durch zwei verschiedene Ansätze dar und berechne.

→ *Lösungen zu 1, 4 und 6*

$\frac{1}{2}$ $\frac{1}{20}$ $4\frac{1}{2}$ $\frac{3}{5}$ $\frac{5}{7}$ $6\frac{1}{20}$ $\frac{4}{5}$

Brüche – Dezimalbrüche   7

BRÜCHE MULTIPLIZIEREN UND DIVIDIEREN

★ **1. Multipliziere.**

a) $\frac{2}{5} \cdot \frac{4}{7} =$
b) $2\frac{3}{8} \cdot \frac{3}{4} =$
c) $7\frac{1}{6} \cdot 3\frac{2}{3} =$
d) $4\frac{1}{5} \cdot \frac{19}{4} =$

★ **2. Ergänze den fehlenden Zähler bzw. Nenner.**

a) $\frac{2}{3} \cdot \frac{\square}{4} = \frac{6}{12}$
b) $\frac{1}{\square} \cdot \frac{8}{5} = \frac{8}{25}$
c) $\frac{3}{7} \cdot \frac{6}{\square} = \frac{18}{63}$
d) $\frac{\square}{2} \cdot \frac{2}{7} = \frac{6}{14}$

★ **3. Dividiere.**

a) $\frac{4}{3} : \frac{6}{16} =$
b) $2\frac{1}{4} : \frac{7}{8} =$
c) $7\frac{1}{3} : 2\frac{2}{5} =$
d) $3\frac{1}{4} : \frac{11}{6} =$

★★ **4.** Bestimme die Summe, die Differenz, das Produkt und den Quotienten aus $\frac{3}{4}$ und $\frac{2}{7}$.

★★ **5. Ergänze die fehlenden Zahlen.**

a) $2\frac{1}{2} \cdot 4 = \frac{\square}{\square} \cdot 20$
b) $2 + 4 \cdot \frac{3}{4} = 15 \cdot \frac{\square}{\square}$
c) $6\frac{2}{3} \cdot 6 = 400 \cdot \frac{\square}{\square}$

→ **Lösungen zu 1 und 5**

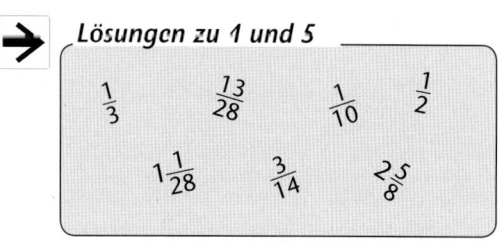

$\frac{1}{3}$ $\frac{13}{28}$ $\frac{1}{10}$ $\frac{1}{2}$

$1\frac{1}{28}$ $\frac{3}{14}$ $2\frac{5}{8}$

★★ **6.** In einer Probearbeit mit 30 Punkten erreichte Lena zwei Drittel aller Punkte, Jonas vier Fünftel und Paul sieben Zehntel. Wie viele Punkte sind das jeweils?

★★ **7.** Ein Pkw fährt in $3\frac{1}{2}$ Stunden 315 Kilometer. Welche Durchschnittsgeschwindigkeit (in km/h) erreicht er?

★★★ **8. Finde die Lösungen.**

a) Berechne das Produkt aus $5\frac{1}{2}$ und $2\frac{1}{8}$.

b) Addiere zum Quotienten aus 3 und $\frac{1}{6}$ die Zahl $4\frac{1}{3}$.

c) Subtrahiere von der Summe aus $4\frac{1}{5}$ und $2\frac{2}{3}$ die Zahl $3\frac{1}{4}$.

d) Dividiere die Differenz der Zahlen $14\frac{1}{2}$ und $2\frac{1}{5}$ durch $3\frac{3}{4}$.

★★★ **9. Ergänze.**

a) $\frac{x}{y} \cdot \frac{a}{b} = \frac{\square}{\square}$
b) $\frac{c}{d} : \frac{a}{b} = \frac{\square}{\square}$

c) $2 : \frac{a}{b} = \frac{\square}{\square}$
d) $\frac{e}{f} : 3 = \underline{\quad} : \underline{\quad} = \frac{\square}{\square}$

Brüche – Dezimalbrüche

BRÜCHE IN DEZIMALBRÜCHE VERWANDELN

★ 1. Ergänze.

	E	z	h	t		
$\frac{4}{10}$	0	4			0,4	null Komma vier
$\frac{7}{100}$	0	0	7		_____	
$\frac{2}{1000}$	0	0	0	2	_____	
$5\frac{347}{1000}$	5	3	4	7	_____	

★ 2. Schreibe als Dezimalbruch.

a) $\frac{7}{10}$ = _____   b) $\frac{9}{100}$ = _____   c) $\frac{586}{1000}$ = _____   d) $4\frac{63}{100}$ = _____

★ 3. Schreibe als Bruch.

a) 0,4 = _____   b) 0,94 = _____   c) 7,38 = _____   d) 3,001 = _____

★★ 4. Erweitere und schreibe als Dezimalbruch.

a) $\frac{1}{2}$ = _____   b) $\frac{9}{20}$ = _____   c) $\frac{23}{250}$ = _____   d) $\frac{3}{8}$ = _____

★★ 5. Kürze zuerst und schreibe dann als Dezimalbruch.

a) $\frac{6}{30}$ = _____   b) $\frac{24}{40}$ = _____   c) $\frac{77}{700}$ = _____   d) $\frac{39}{3000}$ = _____

★★ 6. Kürze zuerst, dann erweitere und schreibe als Dezimalbruch.

a) $\frac{8}{16}$ = _____   b) $\frac{15}{60}$ = _____   c) $\frac{6}{75}$ = _____

→ **Lösungen zu 4, 5 und 6**

0,5   0,45   0,5   0,6   0,2   0,25   0,11   0,375   0,08   0,092   0,013

★★★ 7. Schreibe die Brüche auswendig auf.

$\frac{1}{2}$ = _____ $\frac{1}{4}$ = _____ $\frac{1}{5}$ = _____ $\frac{1}{8}$ = _____

$\frac{1}{10}$ = _____ $\frac{3}{4}$ = _____ $\frac{2}{5}$ = _____ $\frac{3}{8}$ = _____

$\frac{3}{5}$ = _____ $\frac{4}{5}$ = _____ $\frac{5}{8}$ = _____ $\frac{7}{8}$ = _____

$\frac{1}{25}$ = _____ $\frac{2}{25}$ = _____ $\frac{1}{40}$ = _____ $\frac{1}{50}$ = _____

$\frac{1}{125}$ = _____ $\frac{1}{200}$ = _____ $\frac{1}{250}$ = _____ $\frac{1}{500}$ = _____

★★★ 8. Schreibe als Dezimalbruch.

$\frac{1}{3}$ = 0,333 = $0,\overline{3}$ $\frac{1}{6}$ = _____ $\frac{1}{9}$ = _____

$\frac{2}{3}$ = _____ $\frac{5}{6}$ = _____ $\frac{4}{9}$ = _____

→ **Lösungen zu 8**

$0,8\overline{3}$ $0,\overline{1}$ $0,1\overline{6}$ $0,\overline{3}$ $0,\overline{6}$ $0,\overline{4}$

Brüche – Dezimalbrüche

DEZIMALBRÜCHE RUNDEN

★ **1.** Welche Angaben sind sinnvoll?
Welche sind übertrieben genau? Begründe.

4 der Angaben sind nicht sinnvoll.

Höhe eines Berges: 879,43 cm

Preis eines Buches: 19,80 €

Höhe eines Zimmer: 2,45 m

Zulässige Höchstgeschwindigkeit: 50,60 km/h

Zulässiges Gewicht zum Befahren einer Brücke: 8,3 t

Gewicht eines Goldkettchens: 15,485 g

100-Meter-Lauf: 9,93 s

Strecke München – Nürnberg: 165,38 km

Geplanter Farbverbrauch beim Streichen eines Zimmers: 14,53 ℓ

★★ **2.** Runde auf cm, g und ml.

a) 2,048 m = _____
1,299 m = _____
9,416 m = _____

b) 7,6034 kg = _____
5,2446 kg = _____
2,2825 kg = _____

c) 2,0041 ℓ = _____
8,7035 ℓ = _____
3,0904 ℓ = _____

★★ **3.** Runde auf Zehner, Einer, Zehntel und Hundertstel.

a) 834,691: Zehner: _____ Einer: _____ Zehntel: _____ Hundertstel: _____
b) 475,388: Zehner: _____ Einer: _____ Zehntel: _____ Hundertstel: _____
c) 379,555: Zehner: _____ Einer: _____ Zehntel: _____ Hundertstel: _____
d) 754,905: Zehner: _____ Einer: _____ Zehntel: _____ Hundertstel: _____

★★ **4.** Überlege: Welche Ergebnisse können stimmen? Runde und überschlage im Kopf.

a) 342,58 + 93,21 + 8,043 = 443,833; oder = 44,3833; oder = 4 438,33
b) 67,56 · 19,73 = 133,29588; oder = 1 332,9588; oder = 13 329,588
c) 653,8 − 207,04 − 34,29 = 4 124,7; oder = 4,1247; oder = 412,47
d) 1 213,278 : 65,23 = 186; oder = 18,6; oder = 1,86

*Richtig ist 1 × die erste Zahl,
2 × die zweite Zahl,
1 × die dritte Zahl.*

★★★ **5.** Miss den Boden und die Wände eines Zimmers deiner Wohnung aus und bestimme durch Runden die ungefähre Quadratmeterzahl.

Brüche – Dezimalbrüche

DEZIMALBRÜCHE ADDIEREN UND SUBTRAHIEREN

★ **1.** Berechne.

a) 54,86
\+ 6,25

b) 47,24
\- 13,68

c) 112,72
\+ 39,77

d) 561,15
\- 387,20

★ **2.** Berechne.

a) 27,940
\+ 4,872

b) 82,400
\- 17,613

c) 46,304
\+ 13,040

d) 70,000
\- 12,803

★ **3.** Schreibe untereinander und berechne Summe und Differenz.

a) 82,15; 34,88   b) 347,18; 225,92   c) 400,08; 106,03   d) 75,66; 26,77

★★ **4.** Die Entfernung Berlin – Amsterdam beträgt 569,58 km, die Entfernung Bremen – Augsburg 544,002 km, die Entfernung Dortmund – Florenz 907,785 km. Wie groß ist der Unterschied zwischen den jeweiligen Entfernungen?

Sinnvoll runden!

→ Lösungen zu 4

26   338
    364

★★ **5.** Bei einigen Zahlen fehlt das Komma; bei einigen die Null vor dem Komma. Schreibe die Aufgaben richtig.

a) 95 + 223 = 23,25
b) 14 + 14 + 14 = 15,54
c) 373 + 548 = 42,78
d) 5263 – 22 = 52,41
e) 846 – 305 = 81,55
f) 1291 – 58 = 7,11

★★ **6.** Gib das Ergebnis in Dezimalschreibweise an.

a) $\frac{1}{2} + 3,75 \cdot 4 \frac{3}{4} =$

b) $\frac{5}{8} - 0,2 + 4\frac{1}{2} \cdot 6 =$

c) $\frac{2}{5} \cdot 10 - 3\frac{1}{4} + 4,28 =$

d) $2\frac{1}{2} : \frac{4}{5} + 2,21 \cdot 4 =$

→ Lösungen zu 6

27,425   5,03
14,75   11,965

★★★ **7.** Berechne.

a) Addiere zu 26,45 die Differenz aus 13,04 und 8,3.
b) Subtrahiere 17,69 von der Summe aus 47,8 und 3,004.
c) Subtrahiere die Summe aus 5,07 und 12,801 von der Zahl 87,44.
d) Addiere die Differenz aus 6,04 und 3,7 zu der Zahl 32,81.

→ Lösungen zu 7

35,15   69,569
31,19   33,114

Brüche – Dezimalbrüche

DEZIMALBRÜCHE MULTIPLIZIEREN UND DIVIDIEREN

★ **1. Berechne.**

a) 46,28 · 5,4 =   b) 126,49 · 8,6 =   c) 203,1 · 2,8 =   d) 24,17 · 10,27 =

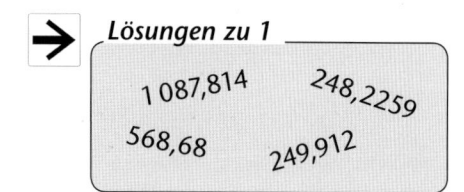

→ *Lösungen zu 1*
1 087,814   248,2259
568,68   249,912

★ **2. Wohin gehört im Ergebnis das Komma?**

a) 47,82 · 19,6 = 937 272   b) 36 · 0,28 = 1 008   c) 25,22 · 17,81 = 4 491 682
d) 3,8 · 4,3 · 17,2 = 281 048   e) 20,004 · 1,07 · 8 = 17 123 424

★★ **3. Berechne.**

a) 243,75 : 19,5 =   b) 51,66 : 6,15 =   c) 5 687,63 : 65,3 =   d) 1 482,8 : 8,8 =

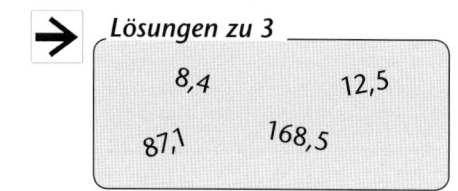

→ *Lösungen zu 3*
8,4   12,5
87,1   168,5

★★ **4. Welche Ergebnis kann stimmen? Überschlage.**

a) 23,5 · 6,3 = 14,805; oder = 148,05; oder = 1 480,5
b) 44,7 · 19,4 = 8 671,8; oder = 86,718; oder = 867,18
c) 1 981,44 : 51,6 = 38,4; oder = 384; oder = 3 840
d) 14 895,75 : 2,5 = 59,583; oder = 595,83; oder = 5 958,3

★★ **5.** In der Skikurswoche der 7. Klassen verbraucht ein Schüler durchschnittlich pro Tag 4,35 €.

a) Wie viel verbrauchen 28 Schüler pro Tag?
b) Wie viel verbrauchen die drei siebten Klassen (7a: 23 Schüler, 7b: 25 Schüler, 7c: 24 Schüler) in den fünf Tagen ihres Aufenthalts?

★★ **6.** Bernd fährt mit seinem Rennrad eine 12,5286 km lange Strecke. Wie viele Umdrehungen macht sein Rad, wenn eine Umdrehung exakt 219,8 cm beträgt?

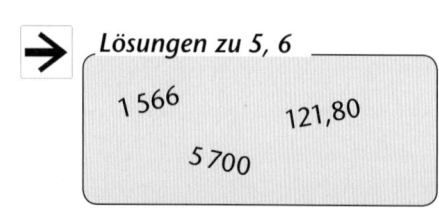

→ *Lösungen zu 5, 6*
1 566   121,80
5 700

★★ **7. Hier ist ein Fehler versteckt. Berichtige die falsche Rechnung.**

a) 83,4 · 173
    ‾‾‾‾‾‾‾‾‾
    834
    5 838
    2 502
    ‾‾‾‾‾
    14 428,2

b) 715,92 : 94,2 =
   7159,2 : 942 = **76**
   6594
   ‾‾‾‾
   5652
   5652

Brüche – Dezimalbrüche

BRÜCHE UND DEZIMALBRÜCHE

★ 1. Schreibe als Bruch.

a) 2,140 = _____ b) 0,8 = _____ c) 4,003 = _____ d) 27,7 = _____ e) 3,04 = _____

★ 2. Schreibe als Dezimalbruch.

a) $\frac{4}{10}$ = _____ b) $\frac{13}{100}$ = _____ c) $\frac{27}{10}$ = _____ d) $4\frac{47}{1000}$ = _____ e) $\frac{7024}{1000}$ = _____

★★ 3. Berechne.

a) $3\frac{1}{4} + 0{,}25 =$ b) $\frac{7}{8} + 0{,}3$ c) $0{,}75 + \frac{2}{5} + \frac{1}{10}$

d) $4{,}75 \; 1\frac{1}{2}$ e) $\frac{4}{25} - 0{,}01$ f) $2\frac{3}{4} - 0{,}85 + \frac{3}{8}$

★★ 4. Schreibe in Periodendarstellung.

a) $\frac{1}{3} = 0{,}333 = 0{,}\overline{3}$ b) $\frac{1}{6} =$ _____   c) $\frac{1}{9} =$ _____

d) $\frac{2}{3} =$ _____   e) $\frac{5}{6} =$ _____   f) $\frac{4}{9} =$ _____

★★★ 5. Schreibe als …

a) kg: $\frac{1}{2}$ kg 48 g = _____   64 kg 803 g = _____

b) m: 5 m 8 cm = _____   12 m 8 dm 4 cm = _____

c) ℓ: 3 ℓ 464 mℓ = _____ $\frac{2}{10}$ hℓ 20 mℓ = _____

d) €: 34 € 27 ct = _____   4 € 3 ct = _____

e) km: 8 km 439 m = _____ $\frac{1}{4}$ km 90 m = _____

f) m²: 6 m² 4 dm² = _____   7 m² 85 cm² = _____

g) m³: 2 m³ 500 dm³ = _____   5 m³ 20 cm³ = _____

★★★ 6. Ein Händler kauft eine Elektrogerät zu einem Preis von 120 € und verkauft es mit einem Aufschlag von $\frac{2}{5}$ auf den Einkaufspreis.

a) Was kostet das Gerät jetzt im Handel?

b) Wie groß ist der Gewinn, den der Händler bei insgesamt 8 solchen Geräten erzielt?

★★★ 7. Ein rechteckiger Bauplatz hat eine Fläche von 869,2 m². Eine Seite ist 26,5 m lang.

a) Wie lang ist die andere Seite des Platzes?

b) Wie viele Meter sind für die Zufahrt zum Grundstück vorgesehen, wenn $\frac{1}{8}$ der längeren Seite dafür benötigt werden?

BRÜCHE UND DEZIMALBRÜCHE – NEUE AUFGABENFORMEN

1. Richtig oder falsch? Korrigiere, wenn nötig.

a) $\frac{7}{11} = 0,\overline{63}$ ____   b) $\frac{7}{8} > 0,8$ ____   c) $\frac{14}{20} > 0,75$ ____

d) $3,6 = 3\frac{2}{3} =$ ____   e) $1\frac{1}{8} = \frac{27}{24}$ ____   f) $2,005 = 2\frac{1}{200}$ ____

2. Ergänze den Text anhand der Zeichnung, stelle drei mögliche Rechenfragen und löse die Aufgabe.

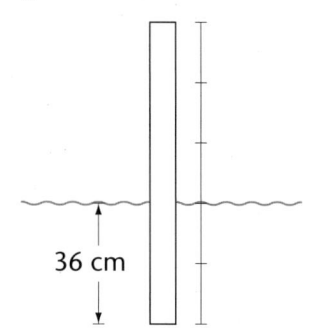

Von einem Stab stecken _____ seiner Länge im Boden. Das sind 36 cm.

a) _____

b) _____

c) _____

3. Stelle die Fragen zur Aufgabenstellung und berechne.

a) In einer Klasse haben $\frac{3}{4}$ der Schüler Kunsterziehung und 6 Schüler Musik gewählt.

Fragen: I) _____

II) _____

b) In einer anderen Klasse kommen $\frac{1}{4}$ der Schüler aus Borgau, $\frac{1}{7}$ aus Turheim und 17 Schüler aus Gardorf.

Fragen: I) _____

II) _____

III) _____

→ **Lösungen zu 2 und 3**

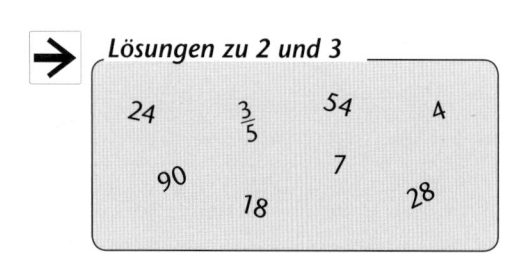

24   $\frac{3}{5}$ 54   4

90   7

18   28

4. Ergänze die Beschreibung des Terms und löse.

a) $\frac{3}{4} \cdot 2,5 : \frac{1}{8}$

_____ $\frac{3}{4}$ mit der Zahl 2,5; _____ anschließend durch die Zahl $\frac{1}{8}$.

b) $2\frac{2}{3} + 2,25 - 1\frac{1}{8}$

_____ $1\frac{1}{8}$ von der _____ der Zahlen $2\frac{2}{3}$ und 2,25.

5. Berechne: Der Tank eines Pkw fasst 54 ℓ. Wie weit kann man mit einer Tankfüllung fahren, wenn der Wagen auf 100 km 9,6 ℓ verbraucht?

ANTEILE MIT BRÜCHEN BESCHREIBEN

1. Vergleiche, wie das Beispiel zeigt.

	Kontostand	Spende	Bruchteil	Gemeinsamer Nenner
Fr. Bauer	1 600 €	400 €	$\frac{1}{4}$	$\frac{1}{4} =$ _____
H. Brückner	2 400 €	480 €		
Fr. Miller	1 000 €	300 €		

2. Vergleiche absolut und relativ, wie das Beispiel zeigt.

	Taschengeld	Spende	Bruchteil	absolut	relativ
Anna	30 €	3 €			
Paul	35 €			7 €	
Jonas	24 €				$\frac{1}{3}$ €

3. Gib den Anteil vom Ganzen in gekürzter Bruchform an.

a) 7 € von 21 €   b) 7 € von 42 €
c) 7 € von 70 €   d) 60 € von 150 €
e) 32 € von 40 €   f) 72 € von 120 €
g) 192 € von 640 €   h) 980 € von 1400 €
i) 261 € von 348 €

👍 Schreibe so: $\frac{7}{21} = \frac{1}{\Box}$

→ Lösungen zu 1 und 2

$\frac{1}{2}$ $\frac{1}{10}$ $\frac{1}{3}$
    $\frac{5}{20}$
$\frac{6}{20}$ $\frac{1}{5}$ $\frac{4}{20}$

→ Lösungen zu 3

$\frac{1}{3}$ $\frac{1}{10}$ $\frac{3}{10}$ $\frac{3}{4}$
$\frac{3}{5}$ $\frac{1}{6}$ $\frac{4}{5}$
$\frac{7}{10}$ $\frac{2}{5}$

4. Berechne das Ganze.

a) $\frac{3}{4} = 150$ €   b) $\frac{5}{7} = 60$ ℓ
   $\frac{1}{4} =$ _____   _____
   $\frac{4}{4} =$ _____   _____

5. Bei einer Klassensprecherwahl erreichte Lea 18 von insgesamt 27 Stimmen. Der Rest der Stimmen entfiel auf Maximilian.

a) Gib die absolute Stimmenanzahl von Maximilian an.
b) Gib die relative Stimmenanzahl von Lea an.
c) Gib die relative Stimmenanzahl von Maximilian an.

6. Die Klasse 7a hat insgesamt 28 Schüler; davon sind 7 Mädchen.

a) Wie viele Buben sind in der Klasse?
b) Wie hoch ist dieser Anteil relativ?
c) Wie hoch ist der relative Anteil der Mädchen?
d) Wie groß wäre die Klasse, wenn es in der Klasse 5 Mädchen gäbe und der relative Anteil der Buben $\frac{3}{4}$ betragen würde?

→ Lösungen zu 5, 6

21    $\frac{2}{3}$ 9 $\frac{1}{3}$ $\frac{3}{4}$ 20 $\frac{1}{4}$

Prozent

BRUCH UND PROZENT

★ **1.** Berechne die fehlenden Prozentwerte (das Ganze hat jeweils 100 Prozent).

a) 50 %, 20 %

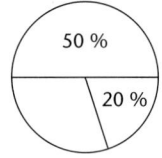

b) 25 %, 6 %, 11 %

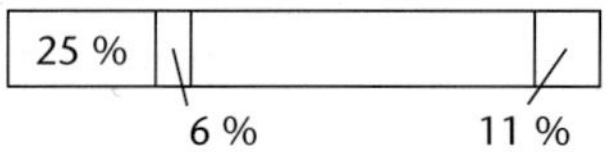

c) 27 %, 20 %, 8 %

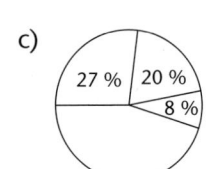

d)

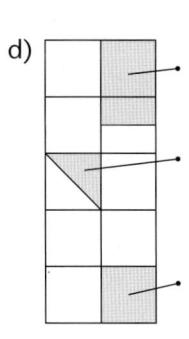

★ **2.** Schreibe in Prozenten.

a) $\frac{12}{100}; \frac{27}{100}; \frac{58}{100}; \frac{99}{100}$

b) $\frac{1}{2}; \frac{1}{4}; \frac{1}{5}; \frac{3}{4}; \frac{6}{25}; 2\frac{1}{2}$

★★ **3.** Schreibe als Bruch mit dem Nenner 100 und kürze so weit, wie möglich.

a) 40 %; 25 %; 80 %; 75 %

b) 13 %; 44 %; 85 %; 90 %

★★ **4.** Drücke die Ergebnisse in Prozenten aus.

a) 6 € von 24 €
b) 9 kg von 18 kg
c) 750 m von 1 000 m
d) 44 ℓ von 110 ℓ
e) 72 dm von 80 dm
f) 45 km von 225 km
g) 400 m von 1 km
h) 100 mm von 1 m
i) 12 h von 1 Tag

→ Lösungen zu 4
10   20   40   25   90   40   50   75   50

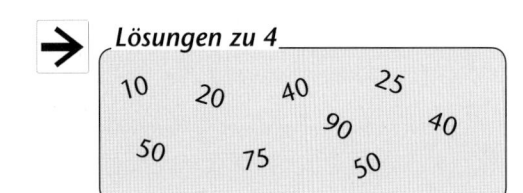

💬 *Beide fehlenden Prozentangaben sind durch „5" teilbar.*

★★ **5.** Ergänze die Tabelle zu den Ergebnissen der Bundesjugendspiele.

Klasse	Stärke	Sieger Anzahl	Urkunden Anteil	Hundertstel	Prozent
7a	24	6	$\frac{6}{24} = \frac{1}{4}$	$\frac{1}{4} = \frac{25}{100}$	25 %
7b	28	14			
7c	30				30 %
M7	20		$\frac{7}{20}$		

★★★ **6.** Beantworte zu der Tabelle die folgenden Fragen und begründe deine Antwort.

a) Entspricht der absoluten Anzahl der Urkunden auch die größte Prozentzahl?

b) Stimmt die Reihenfolge, wenn es um die Anzahl der Urkunden geht?
7b – 7c – M7 – 7a (beginnend mit den meisten Urkunden)

c) Stimmt die Reihenfolge, wenn es zum die relative Häufigkeit geht?
7b – 7c – M7 – 7a? (beginnend mit der höchsten Prozentzahl)

💬 *2 × „ja" und 1 × „nein".*

Prozent

BRUCH – DEZIMALBRUCH – PROZENTSATZ

★ 1. Ergänze die folgende Tabelle.

	a)	b)	c)	d)	e)	f)	g)	h)
Bruch	$\frac{1}{2}$	$\frac{1}{4}$				$\frac{2}{5}$		
Hundertstelbruch	$\frac{50}{100}$			$\frac{10}{100}$				$\frac{80}{100}$
Dezimalbruch	0,5		0,2				0,6	0,8
Prozentsatz	50 %				75 %			

★ 2. Diese Brüche musst du dir merken. Ergänze die Tabelle.

$\frac{1}{100}$	$\frac{1}{25}$	$\frac{1}{20}$	$\frac{1}{10}$	$\frac{1}{8}$	$\frac{1}{6}$	$\frac{1}{5}$	$\frac{1}{4}$	$\frac{1}{3}$	$\frac{1}{2}$	$\frac{2}{3}$	$\frac{3}{4}$
1 %											

★ 3. Schreibe die Dezimalbrüche als Prozentsätze.

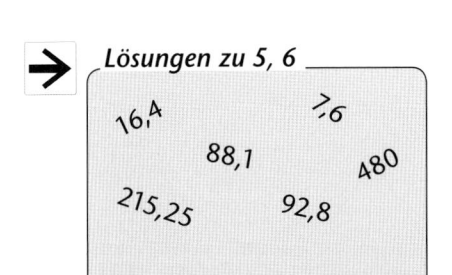

a) $0{,}14 = \frac{14}{100} = 14\,\%$ b) 0,29 = _____ c) 0,07 = _____

d) 1,45 = _____ e) 2,05 = _____ d) 5,8 = _____

★ 4. Schreibe als Dezimalbruch.

a) $47\,\% = \frac{47}{100} = 0{,}47$ b) 20 % = _____ c) 81 % = _____

d) 130 % = _____ e) 202 % = _____ d) 400 % = _____

★ 5. Rechne mit dem Taschenrechner und runde, wenn nötig, beim Prozentsatz auf eine Kommastelle.

a) 15 € von 44 € $= \frac{15}{44} = 15 : 44 = 0{,}340909\,€ \approx 34{,}1\,\%$

b) 24 ℓ von 146 ℓ = _____

c) 580 g von 625 g = _____

d) 837 m von 950 m = _____

★ 6. Rechne vorteilhaft.

a) 50 % von 1 470 € = 1 470 € : 2 = 735 €

b) 25 % von 865 t = _____

c) 20 % von 38 kg = _____

d) 75 % von 640 m = _____

→ Lösungen zu 5, 6

16,4   7,6   88,1   480   215,25   92,8

Prozent

PROZENTSÄTZE DARSTELLEN

1. Bring Gegenstände mit, an denen du Prozentsätze darstellen kannst, z. B. Eierschachteln, Verpackungsgegenstände …

2. Ergänze die fehlenden Prozentsätze.

a) 5 %

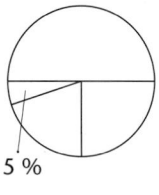

b) 32 %

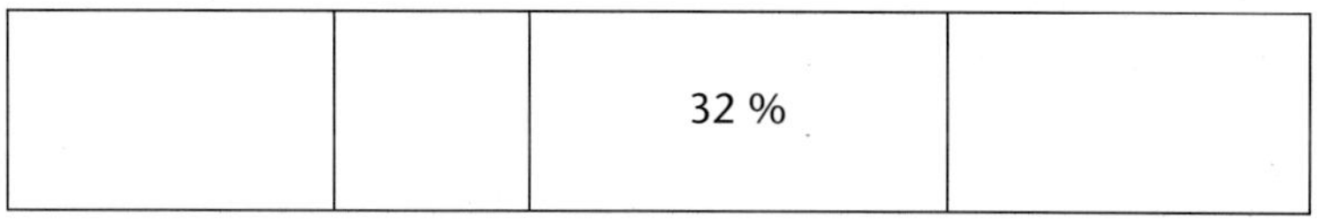

c)

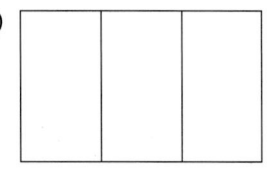

d)

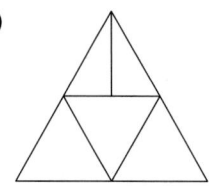

e)

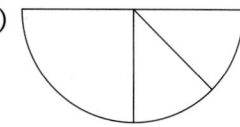

3. Zeichne in die folgenden Darstellungsformen die fehlende Prozentangabe ein (Gesamtwert = 100 %).

a)

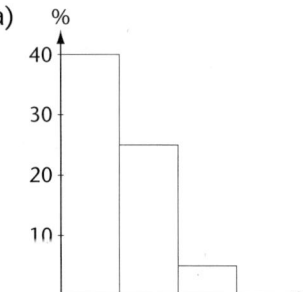

b)

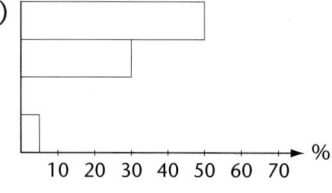

4. Welche beiden Darstellungsformen zeigen jeweils den gleichen Sachverhalt? Ordne zu.

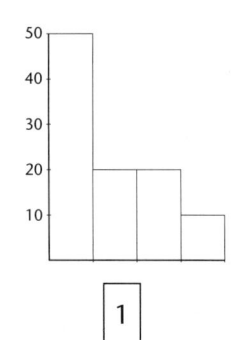

1 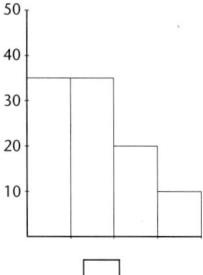   2 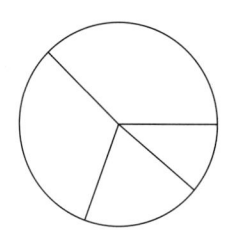   A 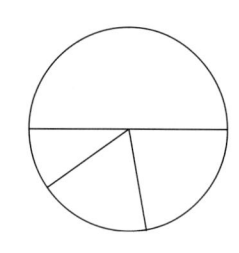   B

Bestimme zuerst den Bruchteil.

5. Ergänze die fehlenden Gradzahlen.

a)   b)   c)

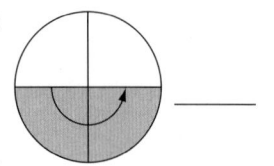

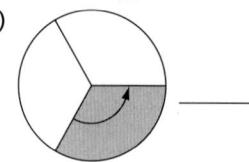

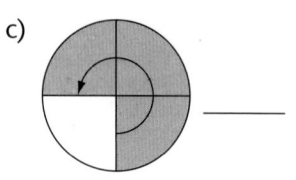

d)   e)   f)

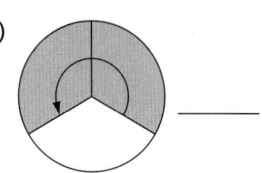

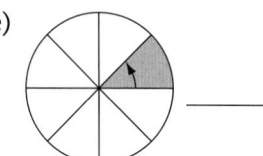

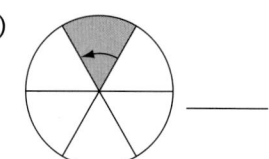

Prozent

PROZENTWERT – GRUNDWERT – PROZENTSATZ

1. Welche Werte werden hier berechnet? Löse im Kopf.

a) Von 45 Hemden, die in einem Kaufhaus an diesem Tag verkauft wurden, wiesen 9 Hemden ein gestreiftes Muster auf.

b) Der Anteil der Jeanshosen an insgesamt 80 verkauften Hosen betrug 30 %.

c) In der Herrenabteilung wurden 7 blaue Pullover verkauft. Das entspricht einem Anteil von 10 % aller verkauften Pullover.

2. Berechne die fehlenden Werte.

Grundwert	840 €		287,5 ℓ	4 800 kg	
Prozentsatz	6,5 %	34 %		12,8 %	5 %
Prozentwert		244,8 m	28,75 ℓ		2,1 km

3. Bring Prospekte mit in die Schule, in denen Prozentangaben enthalten sind.

4. Berechne den jeweiligen Wert.

a) Felix will sich ein Handy für 84 € kaufen. 40 % der Kosten hat er bereits gespart. Wie viel muss er noch sparen?

b) Der Preis einer Mikrowelle wird um 133,50 € herabgesetzt. Das entspricht 15 % des ursprünglichen Preises.

c) Bei einer Abschlussfeier sind von 350 Plätzen 14 Plätze nicht besetzt.

d) In einer siebten Klasse mit 25 Schülern liegt der Anteil der Mädchen bei 40 %.

e) Von einer Probearbeit mit insgesamt 50 Punkten hat Marie 37 Punkte erreicht.

f) Von 420 Schülern einer Schule fahren in den Sommerferien 63 Schüler mit ihren Eltern im Urlaub ins Ausland.

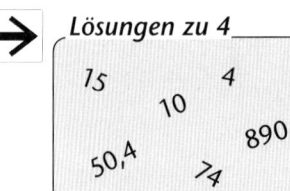

→ *Lösungen zu 4*

15   4
  10
      890
50,4 74

5. Für eine neue Wohnzimmereinrichtung muss Familie Weiß eine Anzahlung von 887,50 € leisten. Darin enthalten ist die Anzahlung der Einrichtung selbst, die 15 % der Gesamtsumme ausmacht, und 250 € vorab für das Aufstellen der Möbel. Berechne den Gesamtpreis der Einrichtung.

3 Aussagen sind richtig.

6. Kreuze die richtigen Aussagen an.

○ Der Prozentwert ist immer kleiner als der Grundwert.

○ Wenn sich der Prozentsatz verdoppelt, verdoppelt sich auch der Grundwert.

○ Wenn sich der Prozentsatz verdoppelt, verdoppelt sich auch der Prozentwert.

○ Hier wird der Prozentwert berechnet: 980 € : 13 € · 100

○ Hier wird der Prozentsatz berechnet: 107,10 € : 17 € · 100

○ Hier wird der Grundwert berechnet: 182 € : 0,35 = 520 €

○ Hier wird der Grundwert berechnet: 182 € · 0,35 = 63,7 €

Prozent

Preiserhöhung und Preissenkung

1. Suche im Internet nach Beispielen für Preiserhöhung und Preissenkung und wirf einen Blick in die Tageszeitung. Stelle die Beispiele in der Klasse vor.

★ 2. Berechne die neuen Preise (€). Es geht auch ohne Taschenrechner.

Alter Preis	230	7,40	400	780	306	525	290
Erhöhung	20 %	10 %	14 %	5 %	42 %	80 %	4,5 %
Erhöhung							
Neuer Preis							

★ 3. Berechne die neuen Preise (€). Es geht auch ohne Taschenrechner.

Alter Preis	230	7,40	400	780	306	525	290
Minderung	20 %	10 %	14 %	5 %	42 %	80 %	4,5 %
Minderung							
Neuer Preis							

★★ 4. Berechne und schreibe jeweils einen Antwortsatz.

a) Der Ölverbrauch einer Eigentumswohnanlage konnte im vergangenen Jahr von 4 800 ℓ um 6 % gesenkt werden. Wie hoch ist der Verbrauch in diesem Jahr?

b) Der Preis für ein Kilogramm Erdbeeren stieg in den letzten Monaten um 10 %. Ursprünglich kosteten 500 g Erdbeeren 1,40 €. Wie teuer ist 1 kg jetzt?

c) Eine Gemeinde plant den Bau eines Kinderspielplatzes mit einer Größe von 200 m². Auf Antrag von mehreren Eltern wird nun der Platz durch eine geänderte Planung um 8 % größer.

d) Ein Rinderbraten von 1 600 g verlor beim Braten 23 % seines Gewichts. Wie viel Kilogramm wiegt der Rinderbraten jetzt?

e) Kartoffeln verlieren beim Lagern ca. 8 % ihres Gewichts. Es werden 120 Zentner eingelagert. Wie viele Kilogramm Gewicht verlieren die Kartoffeln?

f) Eine Waschmaschine um 1 390 € wird wegen eines Lackfehlers um 15 % billiger angeboten.

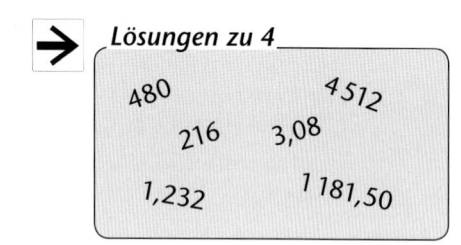

→ Lösungen zu 4
480   4512
216   3,08
1,232   1 181,50

★★★ 5. Berechne und schreibe jeweils einen Antwortsatz.

a) Bei einer Bürgermeisterwahl erhält ein Kandidat 18 096 Stimmen. Das sind 13 % weniger als beim letzten Mal.

b) Nach einer Preiserhöhung von 8 % kostet eine Gitarre jetzt 378 €.

c) Aufgrund des Sommerschlussverkaufs kostet ein Kleid statt 128 € nur noch 96 €.

d) Ein Verein hat seit dem letzten Jahr 5 % neue Mitglieder hinzugewonnen, sodass die aktuelle Mitgliederzahl bei 357 liegt.

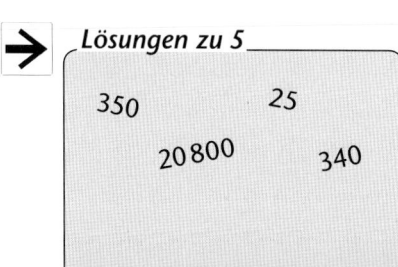

→ Lösungen zu 5
350   25
20 800   340

Prozent

BRUTTO – NETTO – TARA

1. Bring von zu Hause Gegenstände mit, mit denen du die Begriffe „Brutto", „Netto" und „Tara" deinen Mitschülern erklären kannst.

2. Berechne die fehlenden Größen.

Brutto	52 kg			79 kg	480 g	0,860 kg	
Tara	20 %	12 %	40 %			92 %	
Tara		31,2 kg	210 kg		19,2 g		83,2 g
Netto				56,88 kg			561,8 g

3. Berechne und schreibe jeweils einen kurzen Antwortsatz.

a) Eine Dose Gemüse wiegt 240 g. Das Füllgewicht beträgt 205 g.

b) Eine Kiste Birnen wiegt 14,580 kg. Die Kiste ist 3 430 g schwer.
Welches Gewicht haben die Birnen?

c) Eine Wagenladung Kies wiegt 4,95 t. Das Gewicht des Lkw beträgt 3 050 kg.
Wie viel Tonnen zeigt die Waage des Kiesunternehmens an?

d) Das Nettogewicht einer Ware beträgt 72,4 kg. Die Tara beträgt 12 %.

e) Ein Elektrogerät wiegt einschließlich Verpackung 16,2 kg, das Verpackungsmaterial 2 730 g.

f) Eine Buchsendung wiegt 2,08 kg. Der Karton wiegt 210 g.

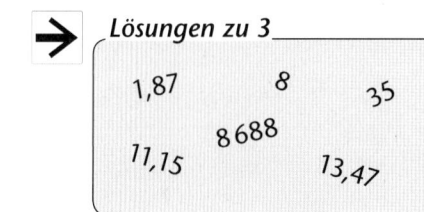

→ *Lösungen zu 3*

1,87   8   35
    8688
11,15   13,47

4. Berechne und schreibe jeweils einen kurzen Antwortsatz.

a) Ein Weinhändler verschickt an ein Restaurant 20 Kisten Wein zu je 6,5 kg.
Kann der Koch des Restaurants das Weinregal füllen, wenn dieses Regal für eine Höchstbelastung von 120 kg ausgelegt ist und die Tara 8 % beträgt?

b) Ein Fass wiegt leer 45 kg. Das sind 24 % des Bruttogewichts.
Kann ein kleiner Lieferwagen sieben solcher Fässer laden, wenn er ein Ladegewicht von einer Tonne aufnehmen kann?

c) Einem Arbeitnehmer werden für Steuern, Versicherung und Sozialabgaben 449,40 € abgezogen, das sind 21 % seines Bruttogehalts.
Wie hoch ist das Brutto-, wie hoch ist das Nettogehalt?

d) Eine Maschinenbaufirma liefert 15 Bauteile mit einem Gewicht von jeweils 57 kg in einer speziell gefertigten Form. Diese Formen werden mit einem Gabelstapler aus dem Lager geholt; sie wiegen insgesamt 390 kg.
Kann man diese Bauteile jetzt mit einem Lieferwagen (Ladegewicht 1 kg), mit zwei Lieferwagen oder mit einem 7,5-Tonner anliefern? Wovon ist die Entscheidung abhängig?

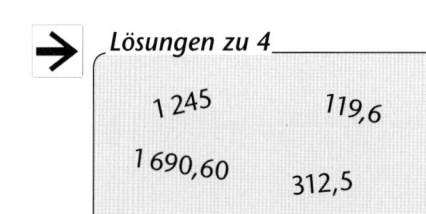

→ *Lösungen zu 4*

1 245   119,6
    1 690,60   312,5

Prozent

Rabatt – Skonto – Mehrwertsteuer

1. Gestalte ein Plakat, auf dem Beispiele für Rabatt, Skonto, Mehrwertsteuer dargestellt sind. Frage dafür deine Eltern nach Rechnungen, auf denen Rabatt, Skonto und/oder Mehrwertsteuer ausgewiesen sind.

★ 2. Berechne die fehlenden Werte.

Verkaufspreis	860 €			984 €	248 €	
Rabatt/Skonto	2 %	15 %		20 %		2 %
Rabatt/Skonto		52,5 €	17,34 €		62 €	9,98 €
Endpreis			560,66 €			

★ 3. Berechne die fehlenden Werte.

Verkaufspreis	180 €	2 344 €	69 €	345 €
Mehrwertsteuer	7 %	19 %		19 %
Mehrwertsteuer			4,83 €	
Erhöhter Prozentsatz			107 %	
Zu zahlender Betrag		2 789,36 €		

★★ 4. Berechne und schreibe einen kurzen Antwortsatz.

a) Frau Klein kauft einen Kleiderschrank für 590 €. Bei Überweisung der Rechnung innerhalb von 8 Tagen werden ihr 3 % Skonto, bei Zahlung innerhalb von 30 Tagen 2 % Skonto eingeräumt.

b) Ein Autohändler gewährt bei Abnahme von mindestens 7 Fahrzeugen 10 %, bei Abnahme von mindestens 10 Fahrzeugen 15 % Rabatt. Eine große Firma bestellt 6 Neufahrzeuge zu einem Listenpreis von jeweils 18 400 € und 4 Neufahrzeuge zu einem Listenpreis von jeweils 29 800 €.

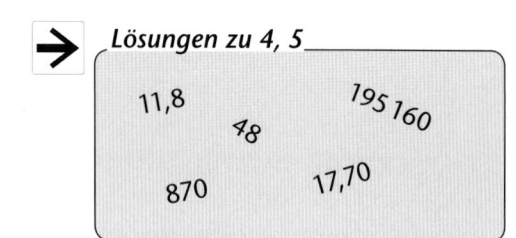

→ Lösungen zu 4, 5

11,8   48   195 160   870   17,70

Die Mehrwertsteuer wird immer zuletzt angerechnet.

★★★ 5. Berechne und schreibe einen kurzen Antwortsatz.

a) Herr Wagner zahlt für die letzte Service-Leistung des Autohauses 824,67 €. Darin enthalten sind die Kosten für die Autoreparatur in Höhe von 767,55 € und die Kosten für Motoröl. Wie teuer war das Motoröl ohne Mehrwertsteuer?

b) Frau Singer hat für ihr neues Mountainbike 828,24 € bezahlt. Darin enthalten sind die Mehrwertsteuer und 20 % Rabatt, den sie aufgrund von geringen Lackschäden am Rad erhalten hat.

Prozentschaubilder

1. Schneide aus Zeitungen verschiedene Arten von Prozentschaubildern aus und erläutere deinen Mitschülern, worum es sich bei den Prozentdarstellungen jeweils handelt. Säulen- und Kreisdiagramme sind dabei leicht zu finden, Balkendiagramme sind seltener, schwierig wird es, ein Streifendiagramm zu finden.

2. Stelle den Sachverhalt in den unten angegebenen Diagrammen dar.
   Ergänze dazu die vorgegebenen grafischen Formen.

   Bei einer Verkehrszählung zählte man am Marktplatz in der Kleinstadt innerhalb einer Stunde 54 Pkw-Fahrer, 24 Lkw-Fahrer, 30 Fußgänger und 10 Radfahrer.

   Beim Prozentkreis gilt: 360° = 100%

3. Beschreibe den Sachverhalt.

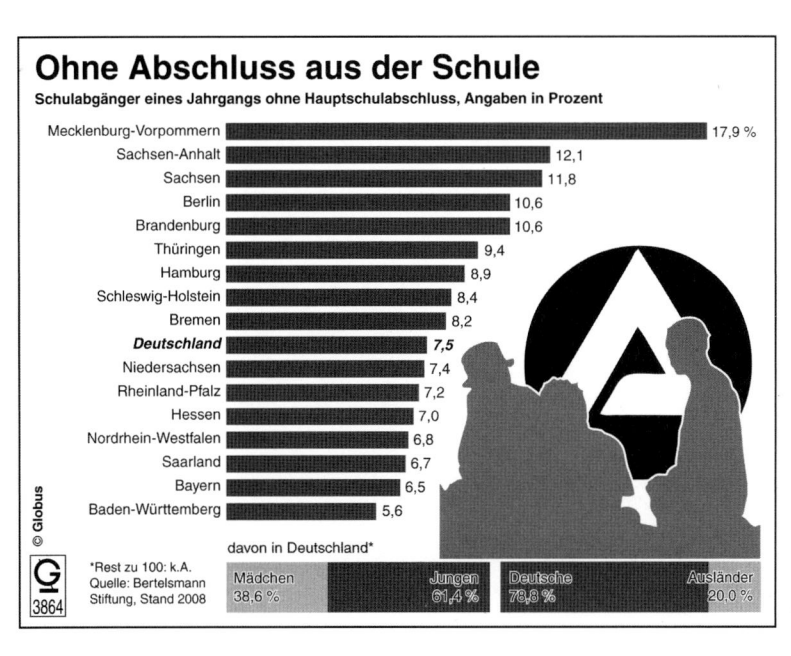

Ohne Abschluss aus der Schule
Schulabgänger eines Jahrgangs ohne Hauptschulabschluss, Angaben in Prozent

Bundesland	%
Mecklenburg-Vorpommern	17,9
Sachsen-Anhalt	12,1
Sachsen	11,8
Berlin	10,6
Brandenburg	10,6
Thüringen	9,4
Hamburg	8,9
Schleswig-Holstein	8,4
Bremen	8,2
Deutschland	**7,5**
Niedersachsen	7,4
Rheinland-Pfalz	7,2
Hessen	7,0
Nordrhein-Westfalen	6,8
Saarland	6,7
Bayern	6,5
Baden-Württemberg	5,6

davon in Deutschland*

Mädchen	Jungen	Deutsche	Ausländer
38,6 %	61,4 %	78,8 %	20,0 %

*Rest zu 100: k.A.
Quelle: Bertelsmann Stiftung, Stand 2008

Prozent

PROZENT – NEUE AUFGABENFORMEN

1. Richtig oder falsch? Korrigiere, wenn nötig.

a) 8 € von 32 = 25 %
b) 400 ℓ von 1 200 ℓ = 30 %
c) 18 h von 1 Tag = 75 %
d) 9 kg von 90 kg = 9 %
e) 15 m von 60 m = 25 %
f) 100 m von 1 km = 1 %
g) $\frac{1}{8}$ = 0,150
h) $\frac{3}{8}$ = 37,5 %
i) $\frac{4}{5}$ = 75 %

2. Kreuze den richtigen Rechenweg an.

Der Preis für einen Mittelklasse-Pkw stieg im letzten Jahr um 3 %. Ursprünglich kostete er 28 600 €

☐ 28 600 € = 100 %
    286 € = 1 %
    858 € = 3 % → 28 600 € + 858 € =

☐ 28 600 € : 100 · 103 =   ☐ 28 600 : 103 · 100 =   ☐ 28 600 · 1,03 =

3. Füge die Begriffe „Brutto", „Netto" und „Tara" richtig ein.

Wenn man beim Schuhkauf mathematische Begriffe anwenden wollte, wäre die Schachtel mitsamt den Schuhen _____, die Schuhe wären _____ und die Schachtel _____.

4. Kreuze die richtigen Aussagen an.

☐ Bei Rabatt/Skonto wird vom ursprünglichen Preis immer ein bestimmter Betrag vom vorherigen Preis abgezogen.
☐ Der Skonto kann den Preis auch verteuern.
☐ Der Rabatt beträgt entweder 7 % oder 19 %.
☐ Die Mehrwertsteuer verbilligt den ursprünglichen Preis.
☐ Die Mehrwertsteuer verteuert den ursprünglichen Preis.
☐ Der Skonto beträgt üblicherweise 2 % oder 3 %.
☐ Bei Barzahlung muss Rabatt gewährt werden.
☐ Rabatt gibt es z. B., wenn man größere Mengen einer Ware kauft.
☐ Mehrwertsteuer muss vom Käufer immer bezahlt werden.

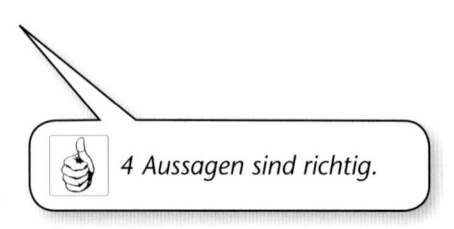

> 4 Aussagen sind richtig.

5. Eine DVD kostet inklusive Mehrwertsteuer 17,85 €. Wie teuer ist die DVD ohne Mehrwertsteuer? Welcher Ansatz ist richtig? Kreuze an.

☐ 17,85 € = 100 %   ☐ 17,85 € = 119 %   ☐ 17,85 € = 81 %

Negative und positive Zahlen

★ 1. Stelle die Zahlen am Zahlenstrahl dar.

4; –6; 7; –3; 2,5; –1,5;

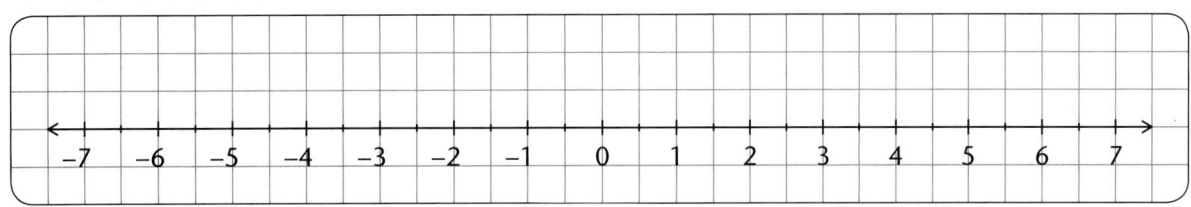

★★ 2. Kreuze die richtigen Aussagen an.

👍 6 Aussagen sind richtig.

- ○ 5 ist größer als 3.
- ○ –3 ist größer als –4.
- ○ –50 ist größer als –12.
- ○ 1 ist größer als 0.
- ○ –4 ist kleiner als –2.
- ○ –4 ist kleiner als –5.
- ○ 2,5 ist größer als 2.
- ○ 4,25 ist kleiner als 4,05.
- ○ –2 ist größer als 2.
- ○ 6,70 ist größer als 6.

★★ 3. Lies auf den Thermometern die jeweilige Temperatur ab. Vergleiche und ordne sie. Beginne mit der wärmsten Temperatur.

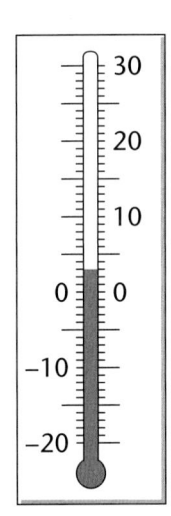

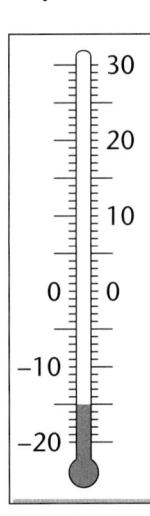

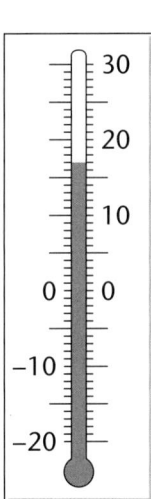

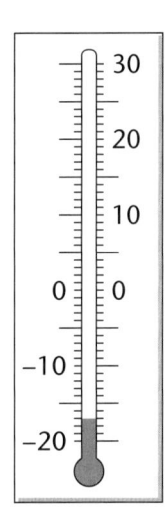

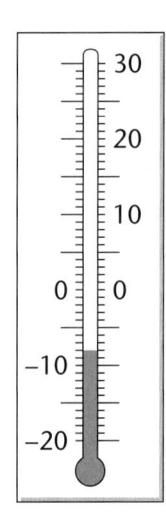

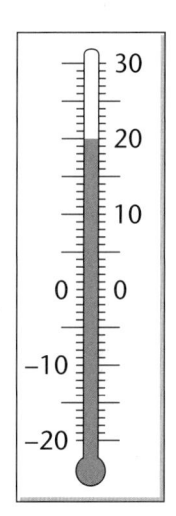

★★ 4. Trage die folgenden Temperaturangaben, geordnet von kalt nach warm, in die Thermometer ein.

10 °C; –11 °C; 18 °C; 24 °C; –5 °C; –18 °C

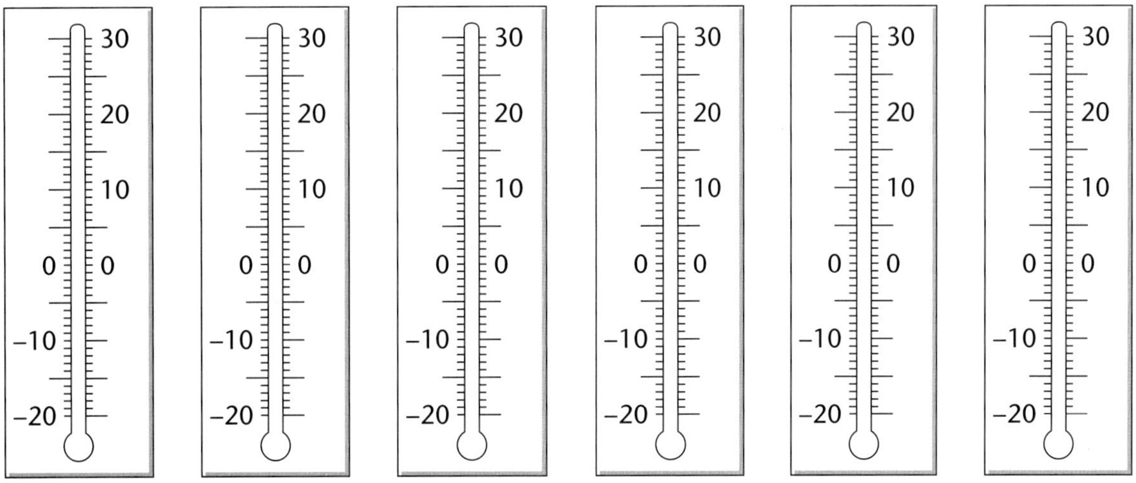

Ganze Zahlen

ZUSTANDSÄNDERUNGEN

★ 1. Welche Temperatur wird erreicht? Die Temperatur …

a) … steigt von –18 °C um 7 °C. → _____
b) … fällt von –3 °C um 22 °C. → _____
c) … fällt von 8 °C um 15 °C. → _____
d) … steigt von –17 °C um 12 °C. → _____
e) … steigt von –13 °C um 14 °C. → _____
f) … fällt von 24 °C um 9 °C. → _____
g) … fällt von 0 °C um 6 °C. → _____
h) … steigt von –1 °C um 1 °C. → _____

→ Lösungen zu 1
–5   15   –25   –6
–11   –7   1   0

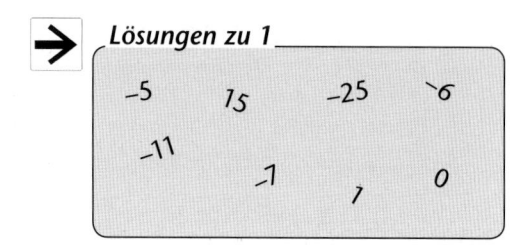

★★ 2. Richtig oder falsch? Kreuze die richtigen Aussagen an und korrigiere die falschen.

a) Die Temperatur steigt von –13 °C um 5 °C auf 8 °C ○
b) Die Temperatur fällt von 19 °C um 22 °C auf –3 °C ○
c) Die Temperatur steigt von –21 °C um 19 °C auf –2 °C ○
d) Die Temperatur fällt von 14 °C um 18 °C auf –4 °C ○
e) Die Temperatur steigt von 12 °C um 9 °C auf –3 °C ○
f) Die Temperatur fällt von –5 °C um 10 °C auf 5 °C ○

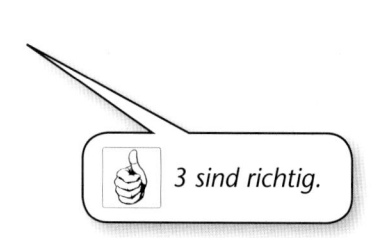

👍 3 sind richtig.

★★ 3. Ergänze die Rechnung. Trage die fehlenden Zahlen ein.

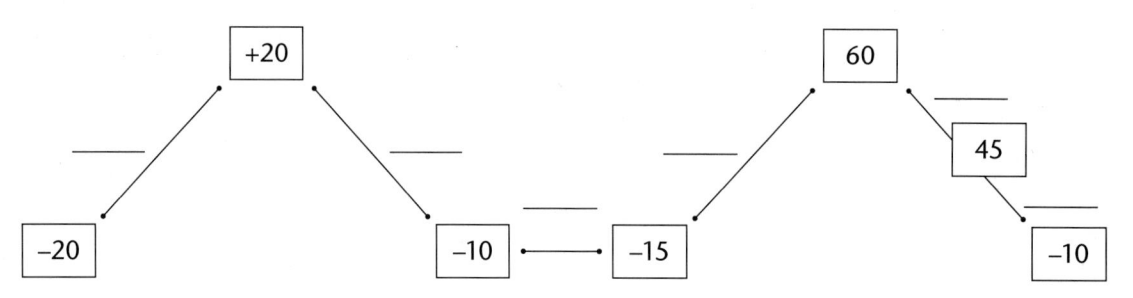

+20 _____ _____ _____ 60 _____
_____ _____ 45
–20 –10 ← –15 –10

★★ 4. Ein Konto steht mit 240 € im Haben. Nun gibt es folgende Kontobewegungen:

- Eine Barauszahlung in Höhe von 130 €
- Eine Überweisung in Höhe von 470 €
- Eine Einzahlung in Höhe von 200 €
- Eine Gutschrift einer Versicherung in Höhe von 135 €
- Eine Lastschrift über 88 €
- Der Eingang des Monatslohnes in Höhe von 1 350 €.

Wie hoch ist der aktuelle Kontostand? Schreibe einen kurzen Antwortsatz.

👍 Die Quersumme ist 13.

★★★ 5. Nachdem ein Konto zuletzt mit 590 € belastet wurde und vorher eine Einzahlung von 150 € erfolgt ist, weist es jetzt einen Kontostand von 1 210 € auf. Wie hoch war der Kontostand vorher? Schreibe einen kurzen Antwortsatz.

👍 „Rückwärts" rechnen!

Ganze Zahlen

Ganze Zahlen addieren und subtrahieren

1. Ergänze die fehlenden Zahlen.

a) 3 ____ = 10
b) –5 ____ = 2
c) –10 ____ = –27
d) 32 ____ = 14
e) –41 ____ = –19
f) 72 ____ = 84
g) –57 ____ = –80
h) 22 ____ = –22
i) –89 ____ = 12

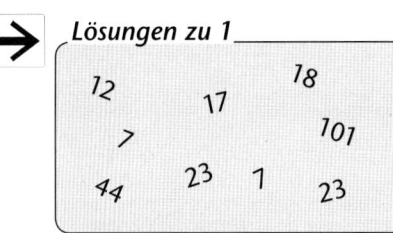

Lösungen zu 1: 12, 18, 17, 7, 101, 44, 23, 1, 23

2. Gib die Zahl an, die …

a) um 5 kleiner ist als 12: ____
b) um 8 größer ist als –3: ____
c) um 12 größer ist als –4: ____
d) um 20 kleiner ist als –34: ____
e) um 15 kleiner ist als 3: ____
f) um 33 größer ist als –34: ____

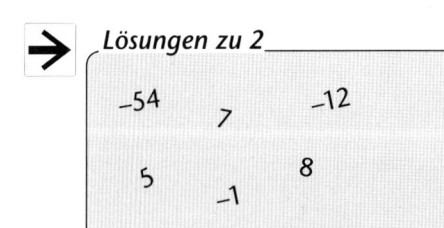

Lösungen zu 2: –54, 7, –12, 5, –1, 8

3. Welche Zahl fehlt in der Zahlenreihe?

a) (–20); (–16); (–12); (–8); ____
b) (23); (15); (7); (–1); ____
c) (12); (15); (11); (14); (10); ____
d) (85); (75); (55); (25); (–15); ____
e) (–25); (–20); (–14); (–7); (1); ____
f) (31); (24); (30); (23); (29); ____

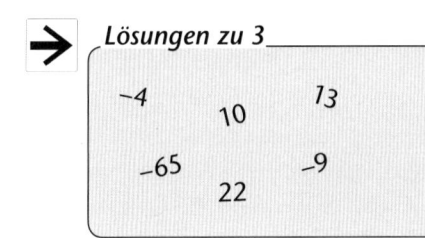

Lösungen zu 3: –4, 13, 10, –65, –9, 22

4. Berechne …

a) die Summe aus –81 und 20. ____
b) die Differenz der Zahlen 42 und –10. ____
c) die Summe aus –24 und –52. ____
d) die Differenz aus –23 und –5. ____
e) die Summe der Zahlen 74 und –35. ____
f) die Differenz der Zahlen –12 und –12. ____

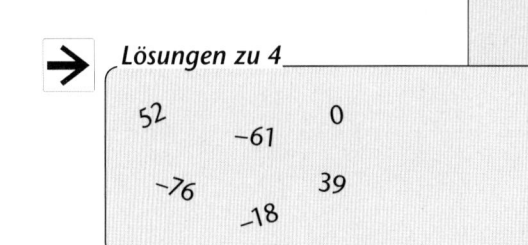

Lösungen zu 4: 52, 0, –61, –76, 39, –18

5. Löse vorteilhaft.

73 – 21 + 17 – 79 + 44 – 22 + 36 – 48 + 31,5 + 8,5 =

Das Ergebnis ist ein Vielfaches von „8".

Ganze Zahlen

Ganze Zahlen multiplizieren und dividieren

★ 1. Ergänze die fehlenden Zahlen.

a) 3 · ____ = (–21) b) –5 · ____ = 25 c) –10 : ____ = –5
d) 32 : ____ = (–4) e) (–41) · ____ = 82 f) 72 : ____ = 8
g) (–17) · ____ = 17 h) 122 : ____ = –61 i) –91 : ____ = (–7)

→ **Lösungen zu 1**
8   2   13   2
2   5   1   7
         9

★★ 2. Gib die Zahl an, die …

a) durch 4 geteilt –12 ergibt: _____
b) verfünffacht 70 ergibt: _____
c) verdreifacht –39 ergibt: _____
d) durch –6 geteilt 12 ergibt: _____
e) verzehnfacht –2 ergibt: _____
f) durch 5 geteilt –50 ergibt: _____

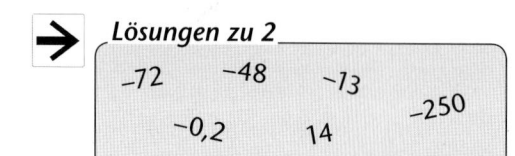

→ **Lösungen zu 2**
–72   –48   –13
   –0,2   14   –250

★★ 3. Welche Zahl fehlt in der Zahlenreihe?

a) (–10); (–20); (–40); (–80); _____
b) (200); (–100); (50); (–25); _____
c) (–10); (–5); (20); (10); (–40); _____
d) (–6), (6), (–18), (18), (–54); _____
e) (–50); (200); (40); (–160); (32); _____
f) (–5); (–10); (30); (120); (–600); _____

→ **Lösungen zu 3**
54   –3600   –20   128
–160   12,5

★★ 4. Berechne …

a) das Produkt aus –28 und 5. _____
b) den Quotienten aus 153 und 17. _____
c) das Produkt aus –6,5 und –30. _____
d) den Quotienten aus 55 und –½. _____
e) das Produkt aus 7 2/5 und –8. _____
f) den Quotienten aus 1 ¾ und 4 1/8. _____

→ **Lösungen zu 4**
9   –110 $0,\overline{42}$
–59,2   195   –140

★★★ 5. Das Konto von Manuel weist ein Soll von 320 € auf. Nach einem halben Jahr möchte er sich eine Digitalkamera zum Preis von 172 € kaufen.

Wie viel € muss er monatlich zurücklegen, um sich die Kamera kaufen zu können?

★★★ 6. Multipliziere die Summe aus (–15) und (–29) mit (–5). Subtrahiere anschließend den Quotienten aus 56 und (–7).

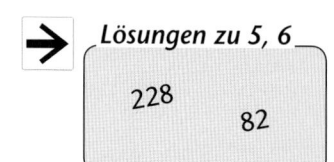

→ **Lösungen zu 5, 6**
228
82

Ganze Zahlen

Ganze Zahlen – Neue Aufgabenformen

★ 1. Setze die Wörter „steigt" und „fällt" in der richtigen sprachlichen Form in die Aufgabe ein.

Am Montag vergangener Woche herrschte eine Temperatur von 14 °C. Am Dienstag _____ das Thermometer um 6 °C, am Mittwoch _____ es wieder um 5 °C. Am Donnerstag _____ es um 3 °C, am Freitag _____ es um 7 °C, sodass die Temperatur am Abend 9 °C betrug.

👍 *Es steigt und fällt zweimal.*

★★ 2. Ergänze die Aufgabenstellung mit fünf Positionen, wobei als Endwert 80 € erreicht werden soll. Benutze möglichst viele der Grundrechenarten.

Herr Braun hat 120 € in seinem Geldbeutel. Er …

★★ 3. In mancher Aufgabe steckt ein Fehler. Rechne richtig.

a) $(-58 - 38) \cdot 5 = -20 \cdot 5 = -100$ _____

b) $77 \cdot -0{,}1 = -7{,}7$ _____

c) $3{,}5 \cdot 8 - 3 = 3{,}5 \cdot 5 = 17{,}5$ _____

d) $-48 : -3 + 16 = 0$ _____

e) $(21 - 12) : -\frac{1}{3} = 9 : \frac{1}{3} = -3$ _____

f) $-7{,}5 : -5 - 18 = -16{,}5$ _____

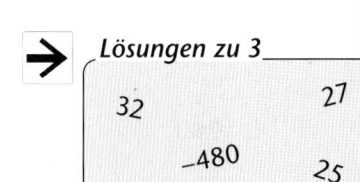

→ Lösungen zu 3

32   27

−480   25

★★★ 4. Ergänze die Tabelle. Setze die Zahlen an der passenden Stelle ein: 90 €; 120 €; 340 €; 480 €; 500 €; 1 450 €

Kontostand letzter Woche:	280 €
Überweisung	
Miete	
Einzahlung	
Dauerauftrag	
Gehalt	
Rückerstattung Versicherung	
Aktueller Kontostand:	1 440 €

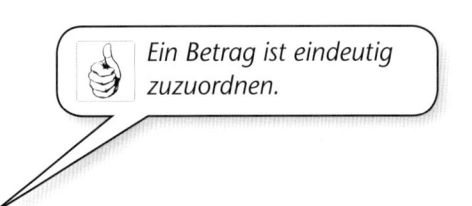

👍 *Ein Betrag ist eindeutig zuzuordnen.*

★★★ 5. Wo liegt der Fehler in der Zahlenreihe? Beschreibe.

a) (−15); (−14); (−28); (−26); (−52); (−49); (−98); (−94); (−188); (−182); (−364);

b) (2 000); (1 000); (1 100); (540); (750); (375); (675); (337,5); (737,5);

👍 *Die ersten drei Zahlen sind immer richtig.*

DREIECKE

★ 1. Um welche Dreiecke handelt es sich? Benenne das jeweilige Dreieck und schreibe die Begründung in dein Heft.

a) b) c)

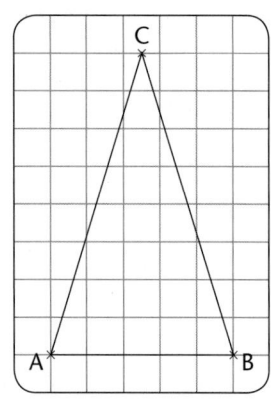

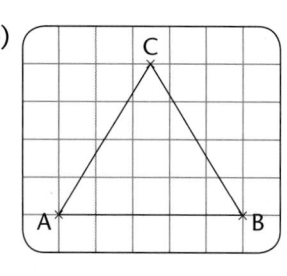

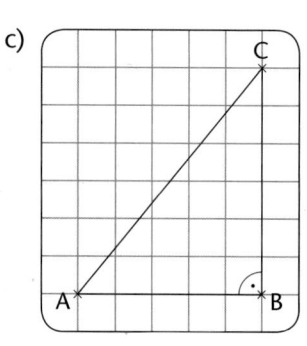

d) e)

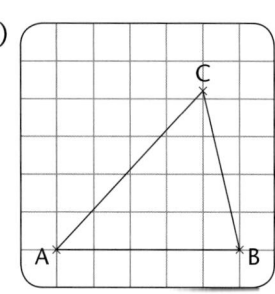

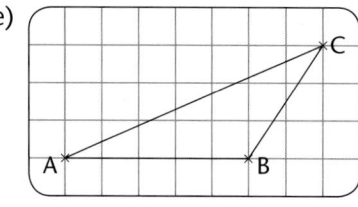

> Es sind 5 verschiedene Begriffe.

★★ 2. Zeichne alle Symmetrieachsen in die Dreiecke ein!

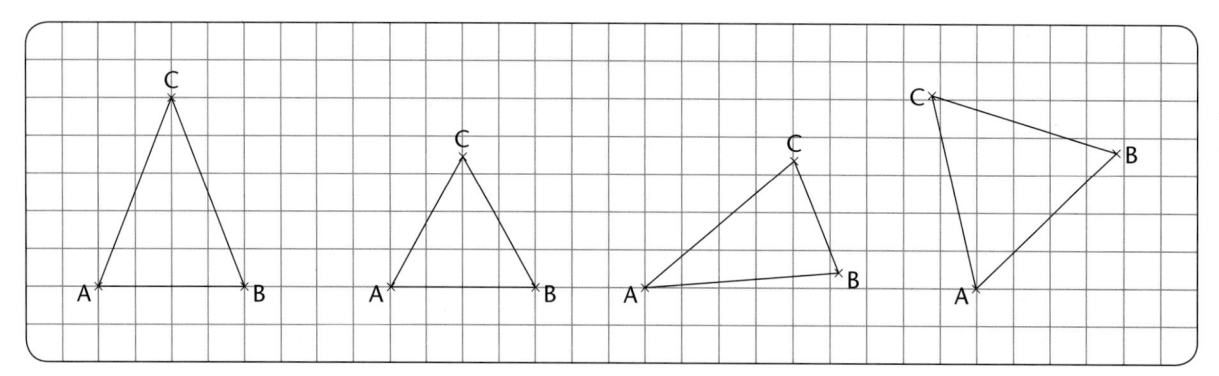

> Insgesamt sind es 8 Achsen.

> Jede Form kommt einmal vor.

★★ 3. Zeichne folgende Dreiecke und bestimme, um welche Form es sich jeweils handelt:

a) A (1|1), B (6|1), C (1|5) → _____
b) A (2|1), B (6|1), C (5|4) → _____
c) A (1|1), B (5|1), C (8|3,5) → _____
d) A (1|1), B (6|1), C (3,5|7) → _____
e) A (1|1), B (5|1), C (3|4,5) → _____

Geometrie 1

VIERECKE

★ 1. Um welche Viereckstypen handelt es sich?

a) 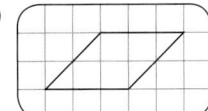   b) 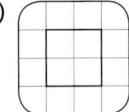   c) 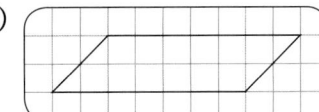   d)

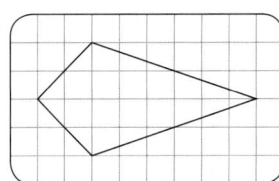

_____   _____   _____   _____

e) 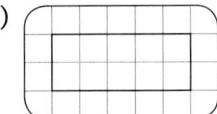   f) 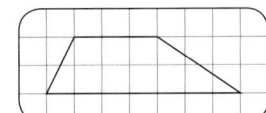   g) 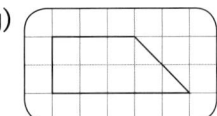   h)

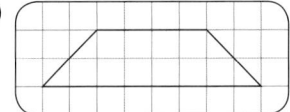

_____   _____   _____   _____

★★ 2. Welches Viereck ist hier beschrieben?

a) Vier gleich lange Seiten, keine rechten Winkel.
b) Zwei Paare gleich langer Seiten, vier rechte Winkel.
c) Vier gleich lange Seiten, vier rechte Winkel.
d) Zwei parallele Seiten, zwei ungleich lange Seiten.
e) Zwei Paare gleich langer Seiten, keine rechten Winkel.
f) Zwei parallele Seiten, ein rechter Winkel.
g) Zwei Paare paralleler Seiten, kein rechter Winkel.
h) Zwei parallele Seiten, zwei gleich lange Seiten.

★★ 3. Ergänze die Formen zu den angegebenen Viereckstypen.

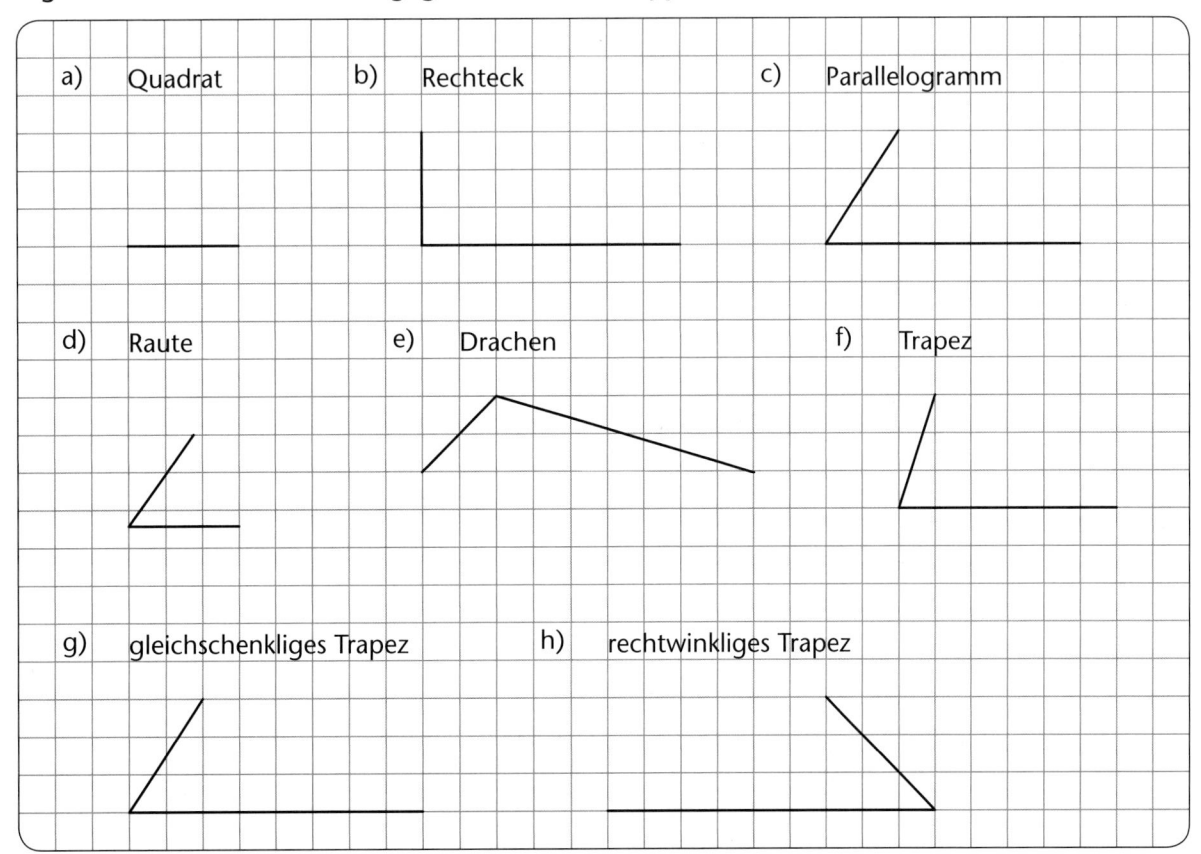

a) Quadrat   b) Rechteck   c) Parallelogramm

d) Raute   e) Drachen   f) Trapez

g) gleichschenkliges Trapez   h) rechtwinkliges Trapez

Geometrie 1

Dreiecke und Vierecke als Körperflächen

1. Bringe Gegenstände mit, die Dreiecke und Vierecke als Begrenzungsflächen aufweisen, und stelle sie deinen Mitschülern vor.

2. Benenne die einzelnen Körper und gib die Begrenzungsflächen an.

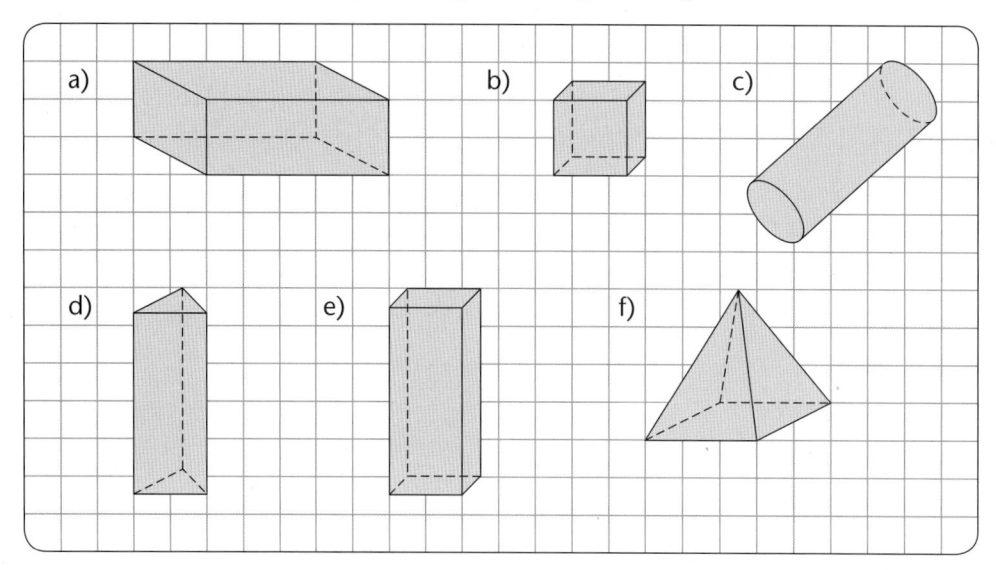

a) b) c)
d) e) f)

3. Benenne die Körper und beschreibe, aus welchen Teilflächen sie bestehen. Dabei muss der Körper nicht immer streng mathematisch exakt sein.

©emilian-Fotolia.com    ©laguna35-Fotolia.com

a) _____   b) _____

4. Verschiebe die folgenden Flächen. Was für ein Körper entsteht? Benenne die einzelnen Flächen.

a) Verschiebe das Dreieck 2 cm nach rechts und 2 cm nach oben.
b) Verschiebe den Körper 2,5 cm nach links und 2 cm nach oben.

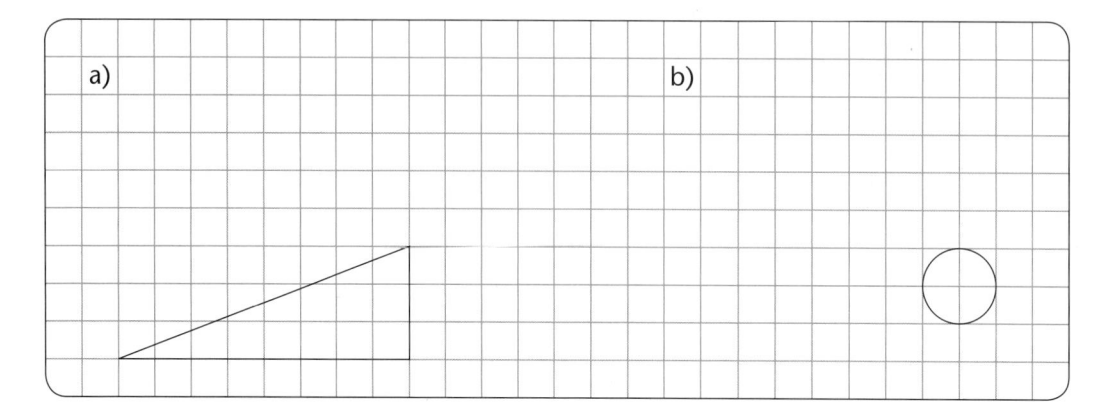

Geometrie 1

Winkelsumme bei Dreiecken und Vierecken

1. Berechne die Größe der fehlenden Winkel.

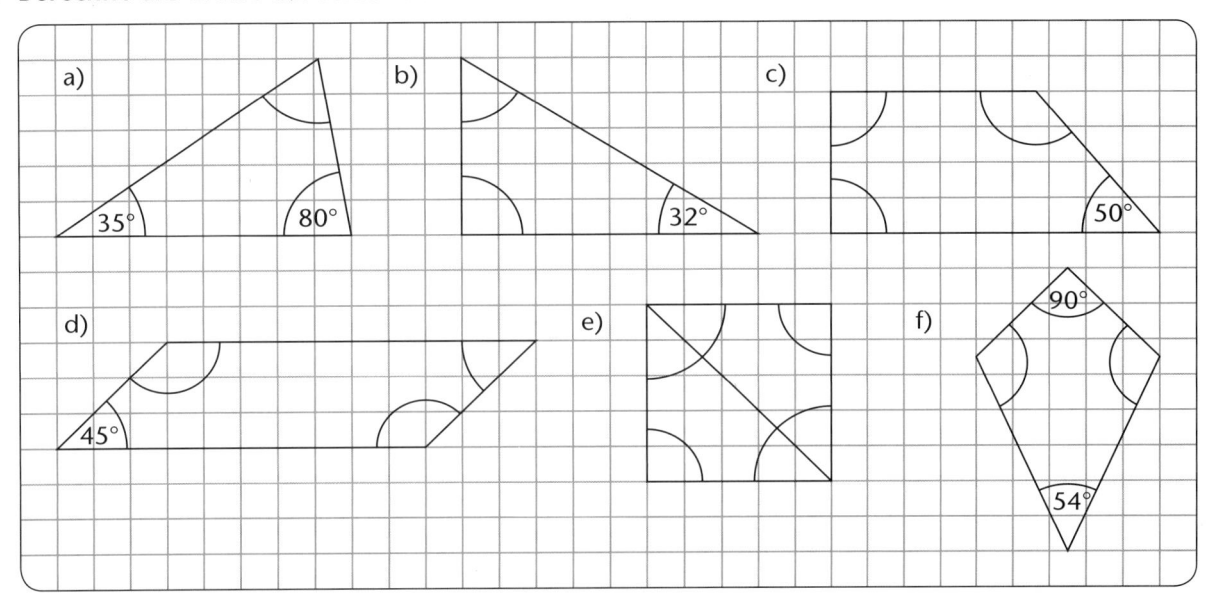

2. Berechne die fehlenden Größen und benenne die Dreiecke.

Dreieck	A	B	C	D	E	F
α	60°	40°		35°	40°	38°
β	60°		45°			
γ		50°	63°	110°	25°	52°

A: _____ B: _____ C: _____
D: _____ E: _____ F: _____

3. Berechne die fehlenden Größen und benenne die Vierecke.

Vierecke	A	B	C	D	E	F
α	90°	70°		81°	75°	85°
β	90°	110°	63°	75°		125°
γ	90°		117°	100°	105°	
δ		110°	90°		105°	85°

A: _____ D: _____
B: _____ E: _____
C: _____ F: _____

→ *Lösungen zu 2, 3*

60   90   72   70
   90   104   90   90
75   65   35   115

4. Bestimme die Größe des gesuchten Winkels, ohne den Winkelmesser zu benutzen.

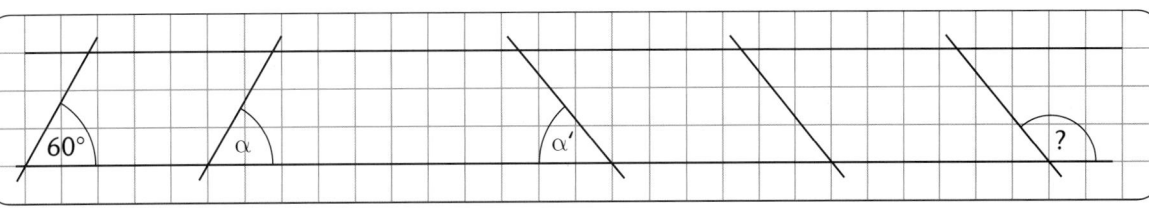

Gestreckter Winkel.

Geometrie 1

Dreiecke zeichnen (1)

★ **1.** Ergänze die Planfigur, zeichne ein Dreieck aus c = 6 cm, b = 5 cm und a = 4 cm. Ergänze die Konstruktionsbeschreibung.

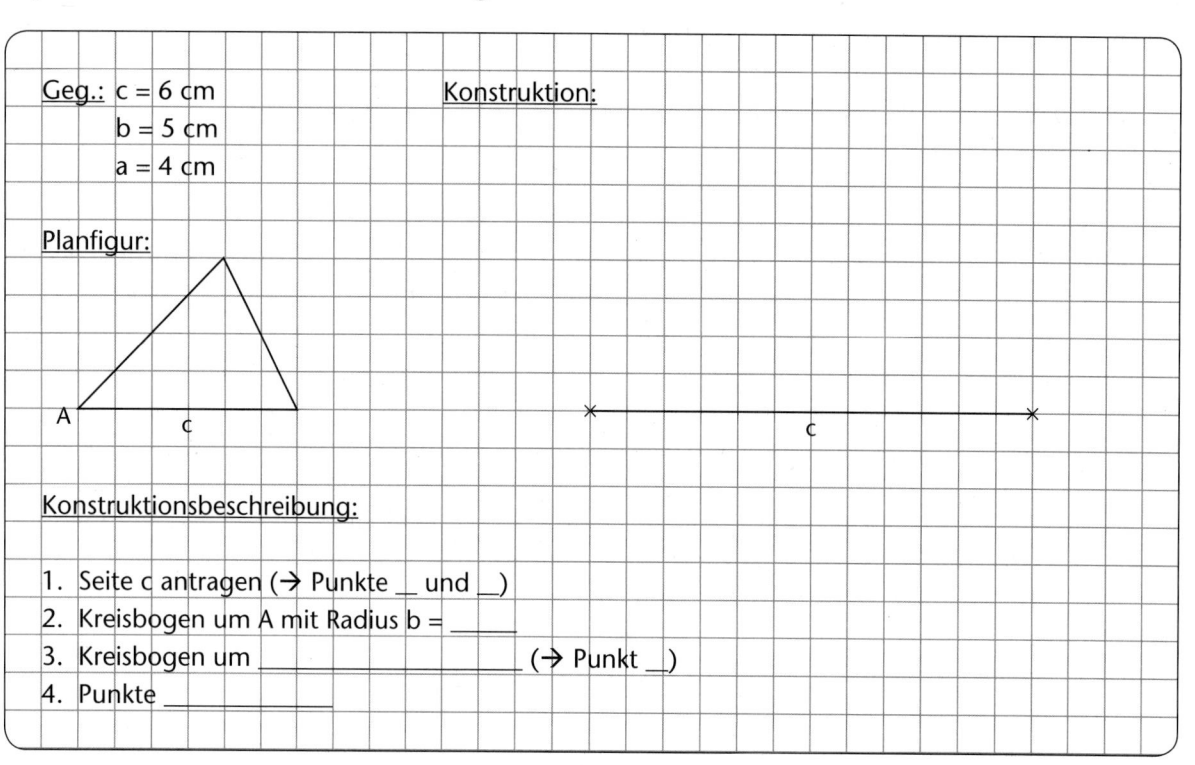

Geg.: c = 6 cm Konstruktion:
  b = 5 cm
  a = 4 cm

Planfigur:

Konstruktionsbeschreibung:

1. Seite c antragen (→ Punkte __ und __)
2. Kreisbogen um A mit Radius b = _____
3. Kreisbogen um _____ (→ Punkt __)
4. Punkte _____

★★ **2.** Erstelle eine Planfigur, zeichne ein Dreieck aus c = 8 cm, b = 7 cm und α = 35°. Ergänze die Konstruktionsbeschreibung.

1. Seite c antragen (→ _____)

2. Winkel α im Punkt _____ antragen

3. Kreisbogen um _____ mit Radius _____ (→ Punkt C)

4. Punkte _____

★★ **3.** Erstelle eine Planfigur, zeichne ein Dreieck aus c = 9 cm, α = 65° und β = 45°. Ergänze die Konstruktionsbeschreibung.

1. Seite _____ (→ Punkte A und B)

2. Winkel _____

3. Winkel _____ (→ Punkt _____)

★★ **4.** Erstelle eine Planfigur, zeichne ein Dreieck aus c = 6 cm, α = 100° und a = 8 cm. Ergänze die Konstruktionsbeschreibung.

1. Seite c antragen (→ _____)

2. Winkel _____

3. Kreisbogen um _____

4. Punkte _____

Geometrie 1

Dreiecke zeichnen (2)

1. Ergänze die Planfigur, zeichne ein Dreieck aus c = 9 cm, α = 80° und γ = 70°.
Ergänze die Konstruktionsbeschreibung.

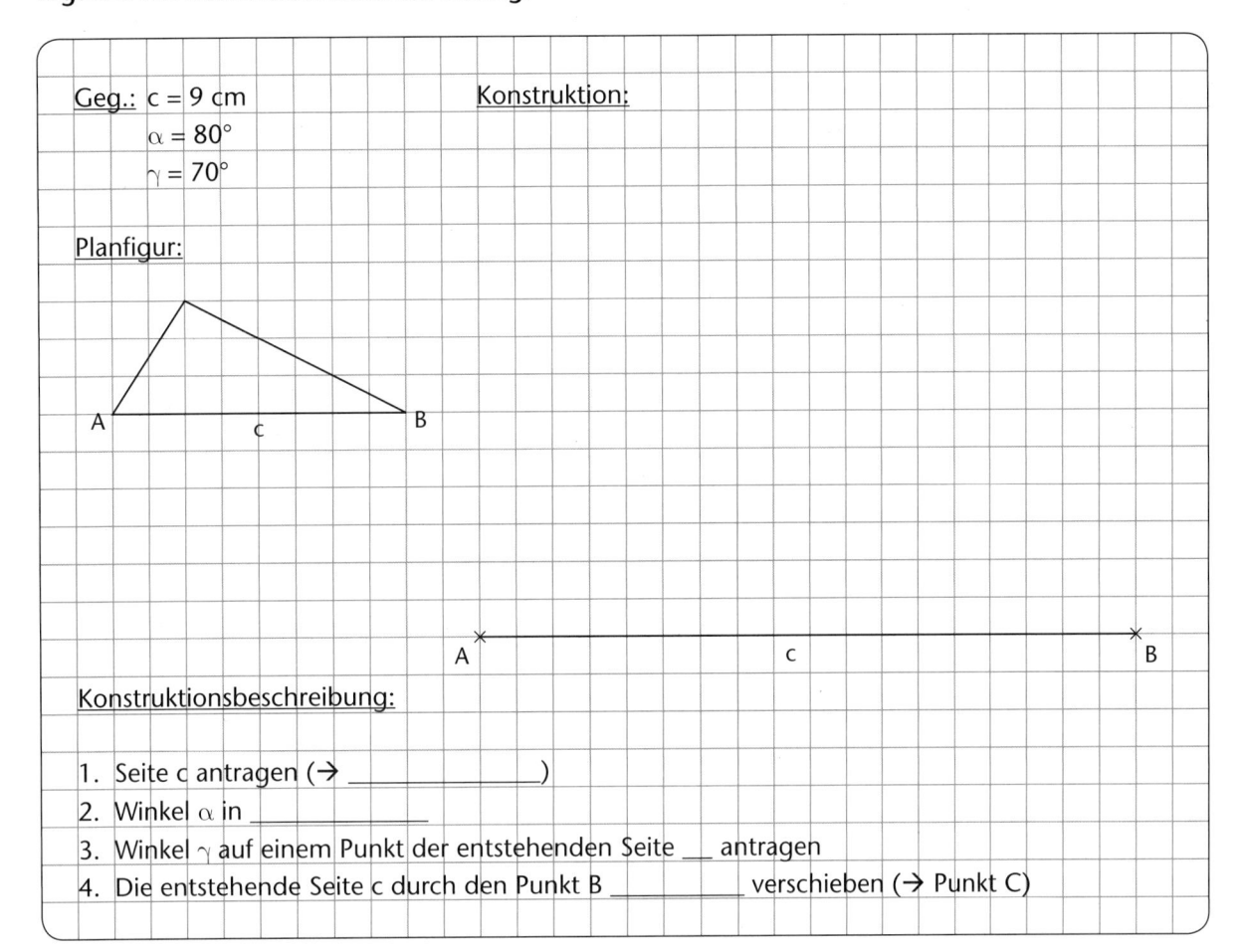

Geg.: c = 9 cm
α = 80°
γ = 70°

Konstruktion:

Planfigur:

Konstruktionsbeschreibung:

1. Seite c antragen (→ _____)
2. Winkel α in _____
3. Winkel γ auf einem Punkt der entstehenden Seite ___ antragen
4. Die entstehende Seite c durch den Punkt B _____ verschieben (→ Punkt C)

2. Zeichne, wenn nötig, eine Planfigur und benenne dann die Dreieckstypen.

a) c = 10 cm, a = 8 cm, b = 6 cm _____
b) a = 7 cm, β = 90°, c = 4 cm _____
c) b = 7 cm, γ = 110°, a = 6 cm _____
d) a = 5 cm, β = 60°, γ = 60° _____

☞ Es sind 4 verschiedene Dreieckstypen.

3. Einige Dreiecke können nicht gezeichnet werden. Zeichne, wenn nötig, eine Planfigur und begründe deine Meinung.

a) c = 8 cm, a = 7 cm, b = 5 cm
b) a = 9 cm, b = 4,5 cm, c = 4,5 cm
c) c = 6 cm, α = 65°, β = 25°
d) b = 5 cm, α = 50°, β = 130°
e) a = 7,5 cm, β = 90°, γ = 90°
f) c = 8,5 cm, α = 115°, a = 12 cm

☞ 3 Dreiecke können nicht gezeichnet werden.

4. Zeichne die Dreiecke und gib jeweils die gesuchte Winkelgröße an.

a) a = 4 cm, b = 5 cm, c = 6 cm   Winkelgröße γ: _____
b) c = 7 cm, α = 72°, a = 8 cm   Winkelgröße γ: _____
c) b = 6,5 cm, γ = 95°, c = 9 cm   Winkelgröße β: _____
d) a = 9 cm, β = 140°, b = 11 cm   Winkelgröße α: _____

→ Lösungen zu 4

46   57
   83   32

Geometrie 1

Das Koordinatensystem erweitern

★ 1. Zeichne folgende Punkte in das Koordinatensystem ein (Einheit = 1 cm).

A (3|1)
B (−2|1)
C (−4|−2)
D (1|−3)
E (2,5|2,5)
F (−3|−1,5)
G (2|−1,5)
H (−1,5|2)

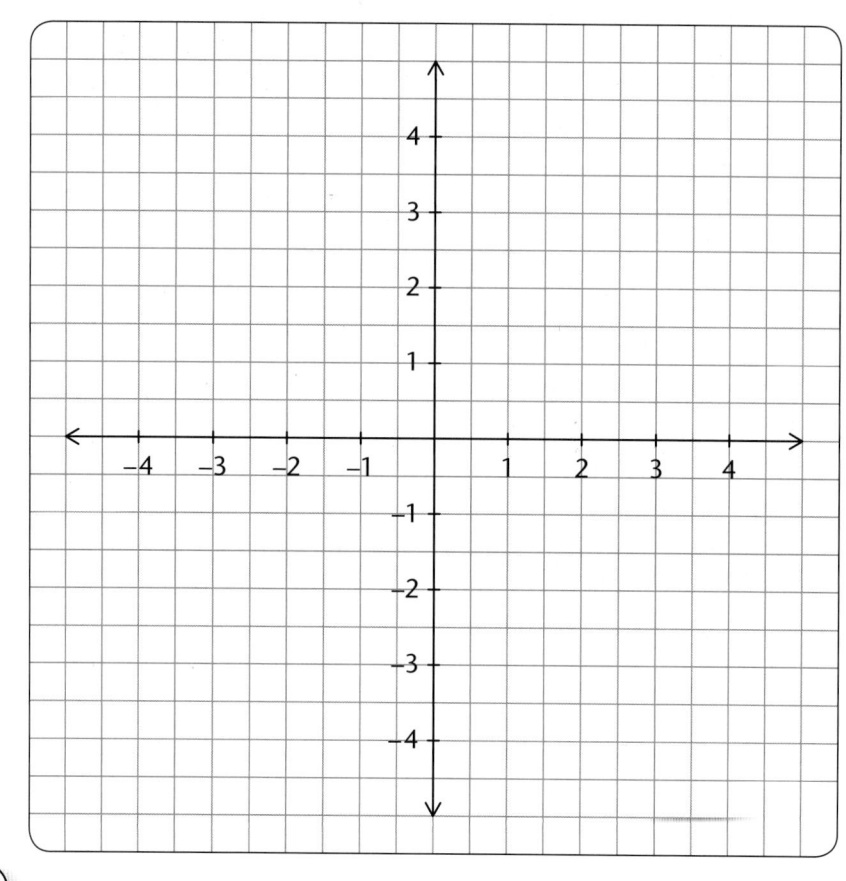

★★ 2. In welchen Quadraten liegen folgende Punkte?

A (−2|−7) _____
B (1,5|−5) _____
C (3|4,5) _____
D (−5|4,5) _____
E (1|−6,5) _____
F (−2,5|6) _____
G (−8|−0,5) _____
H (0,5|1) _____

👉 *Jeder Quadrant kommt 2 x vor.*

★★ 3. Die Punkte A, B und C sind drei Eckpunkte eines Vierecks. Bestimme den fehlenden Punkt D so, dass das angegebene Viereck entsteht, und trage dessen Koordinaten ein.

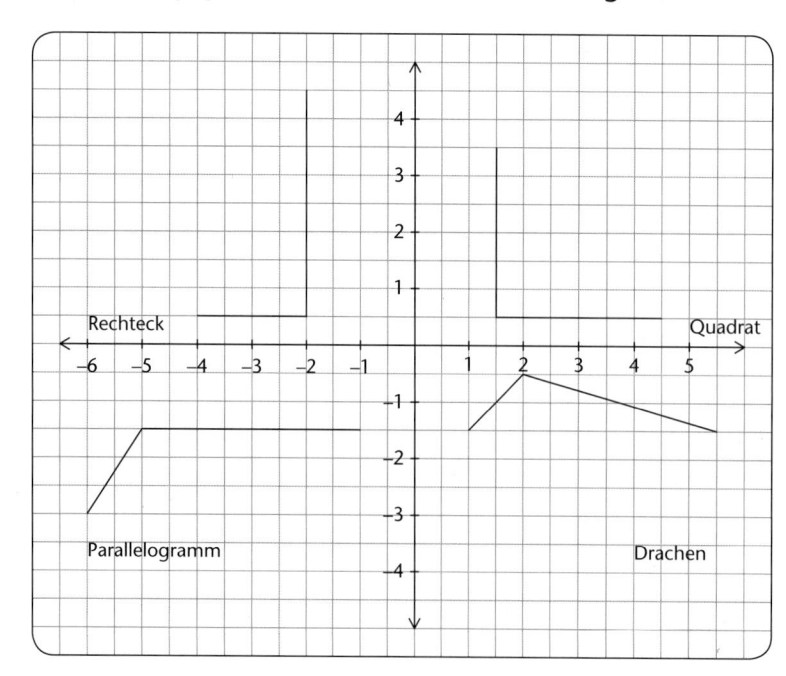

Rechteck   Quadrat

Parallelogramm   Drachen

★★★ 4. Spiegle das Dreieck ABC mit den Eckpunkten A (−1|3), B (−5|3) und C (−2|−4) an der y-Achse und bestimme die Koordinaten der Bildpunkte A′, B′ und C′ (Einheit = 1 cm).

GEOMETRIE 1 – NEUE AUFGABENFORMEN

★ **1.** Zeichne in jedes Viereck eine Diagonale ein. Welche Dreiecke entstehen?

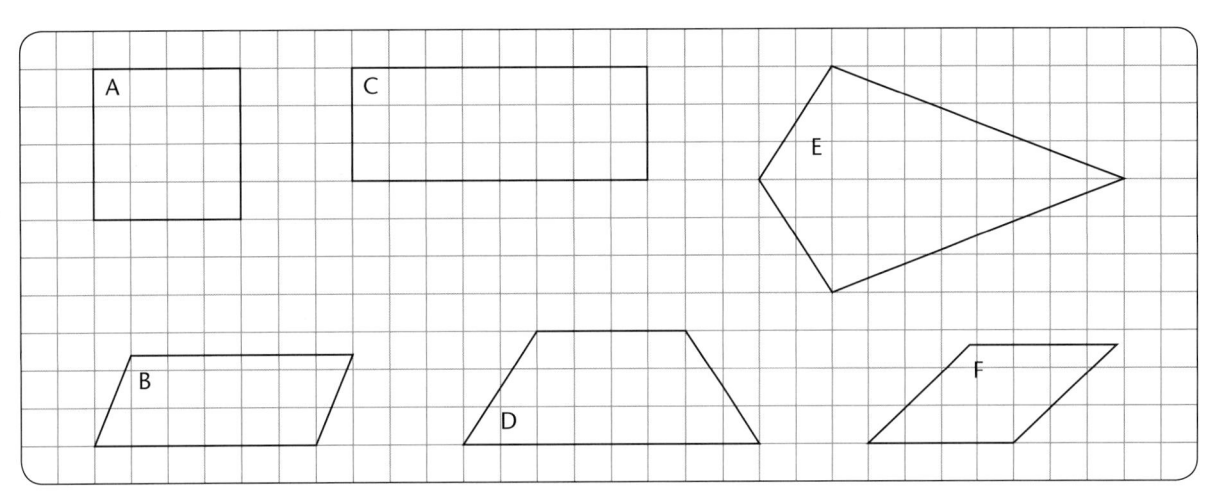

★★ **2.** Kreuze die richtigen Aussagen an.

○ Ein gleichseitiges Dreieck hat auch drei gleich große Winkel.
○ In einem Dreieck kann es nur einen rechten Winkel geben.
○ In einem Viereck kann es nur einen rechten Winkel geben.
○ Nur ein Quadrat hat vier gleich lange Seiten.
○ Die Oberfläche einer Rundsäule besteht aus zwei gleich großen Kreisen und einem Rechteck.
○ Die Oberfläche einer Pyramide besteht aus vier Teilflächen.
○ Die Winkelsumme bei Vierecken beträgt 360°.
○ Bei der Konstruktion eines rechtwinkligen Dreiecks muss ein Winkel 90° aufweisen.

5 Aussagen sind richtig.

★★ **3.** Verlängere den unteren Schenkel jeweils um einen Zentimeter. Beschreibe, wie sich dabei jeweils der andere Schenkel verändert.

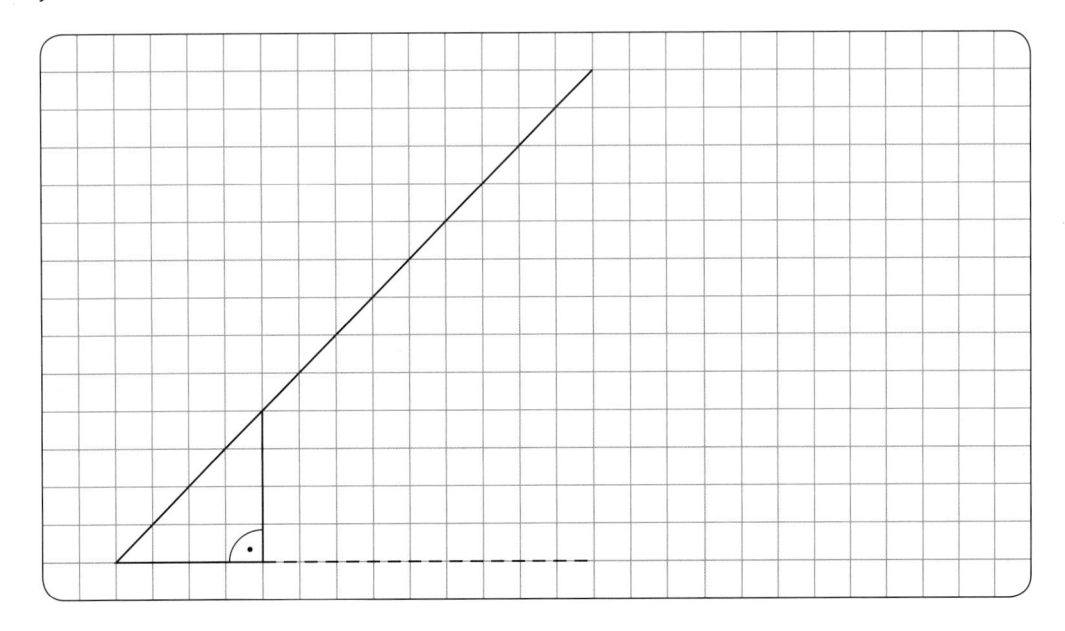

★★★ **4.** Zeichne einen Kreis mit dem Radius r = 4 cm. Trage den Radius an der Kreislinie ab und verbinde die einzelnen Schnittpunkte miteinander. Verbinde nun die einzelne Schnittpunkte mit dem Mittelpunkt M zu Dreiecken.

a) Welche Dreiecke entstehen?
b) Welche Figuren bilden zwei (drei) aneinanderliegende Dreiecke?

Geometrie 1

RECHENREGELN

★ 1. Beachte: Punkt vor Strich.

a) 27 · 8 + 12 =   b) 14 · 12 − 18 : 2 =   c) $\frac{1}{2}$ · 8 − 0,5 : 10 =

★★ 2. Beachte: Klammer zuerst, dann Punkt vor Strich.

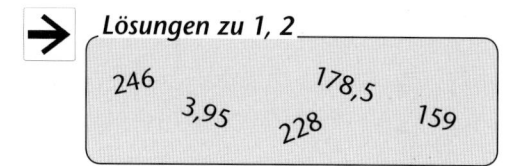

a) 23 · 7 + (13 + 4) · 5 =   b) 58 · 21 : (18 − 11) + 4,5 =

→ Lösungen zu 1, 2

246   178,5   3,95   228   159

★★ 3. Richtig oder falsch? Überprüfe durch Rechnung.

a) 35 · 8 − 4 · 5 = 260   b) 322 : 7 · (12 − 9) − 12 = 531
c) 51 · 12 : (2 · 4,5) + 8 · 3,5 = 96   d) 153 : (8,5 · 2) + 8 + 3 · 7,5 = 91,5

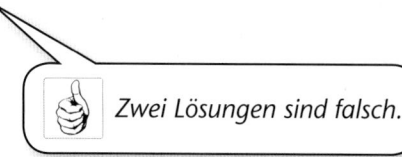

👍 Zwei Lösungen sind falsch.

★★ 4. Setze bei jedem Term, wenn nötig, Klammern auf verschiedene Art und Weise ein, damit das genannte Ergebnis erzielt wird.

a) 200 : 5 + 20 · 5 − 40 = 0   b) 30 · 8 + 15 − 40 : 10 = 251
200 : 5 + 20 · 5 − 40 = 100   30 · 8 + 15 − 40   = 650
200 : 5 + 20 · 5 − 40 = −660   30 · 8 + 15 − 40 : 10 = 237,5

★★ 5. Wo liegt der Fehler? Berichtige in den Zeilen neben der Rechnung.

a) 7 + 8 · (−10) − 4 : $\frac{1}{2}$ =   7 + 8 · (−10) − 4 : $\frac{1}{2}$ =
= 15 · (−10) − 8   =   = _____
=   −150 − 8   =   = _____
=   −158

b) 248 : 4 + 4 − 6 · 2,5 =   248 : 4 + 4 − 6 · 2,5 =
= 248 : 8   −15 =   = _____
=   31   −15 =   = _____
=   16

Terme und Gleichungen

RECHENGESETZE

★ 1. Formuliere die folgenden Terme um und löse vorteilhaft.

a) 43 + 29 + 17 = _____
b) 258 + 44 − 28 = _____
c) 4 · 3 · 25 = _____
d) 194 − 53 − 34 = _____
e) 18 · 7 · 5 = _____
f) 216 + 112 + 84 = _____

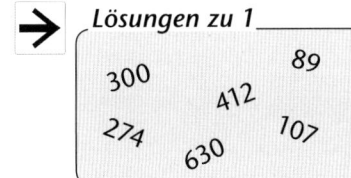

→ Lösungen zu 1
300   89   412   274   630   107

Denke an das Vertauschungs-, Verbindungs- und Verteilungsgesetz.

★★ 2. Formuliere die folgenden Terme um und löse vorteilhaft.

a) 3 525 − 318 + 1 075 + 18 = _____
b) 4 · 298 = _____
c) (0,77 + 0,64) + 0,23 = _____
d) 730 · 11 = _____
e) 25 · (9 · 8) = 25 · 8 · 9 = _____
f) 747 − 199 + 250 = _____

→ Lösungen zu 2
1 192   4 290   8 030   798   1 800   1,64

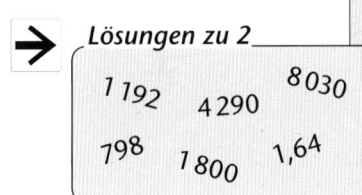

★★ 3. Formuliere die folgenden Terme um und löse vorteilhaft.

a) 64 800 : 400 = _____
b) 18 · 7 − 13 · 7 = _____
c) 39,1 − 15 + 25 + 3,9 = _____
d) 17 · 102 = _____
e) 9 · 59 = _____
f) 0,7 · 10 + 22,6 + 43 = _____

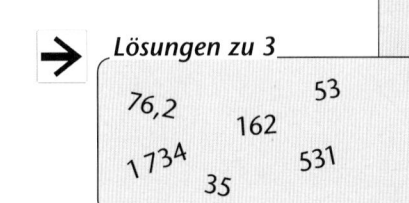

→ Lösungen zu 3
76,2   53   162   1 734   531   35

★★★ 4. Formuliere die folgenden Terme um und löse vorteilhaft.

a) 43,17 − 25,65 + 0,33 + 15,15 = _____
b) 28 900 : 1 700 + 8 · 3,8 = _____
c) 23 · 6 − 12 · 6 + 8 · 1,5 + 4 · 6 = _____
d) 81 : 9 + 4 · 7,5 + 108 : 9 = _____
e) 62 · 11 − 3 · 4,5 + 5 · 4,5 = _____

→ Lösungen zu 4
33   47,4   102   51   691

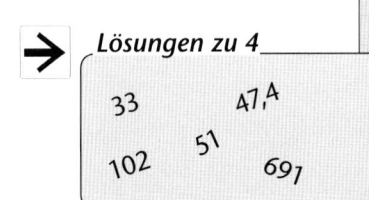

Terme und Gleichungen

TERME ANSETZEN

★ 1. Stelle Terme auf und ermittle jeweils die Ergebnisse.

a) Addiere zum Produkt aus 12 und 15 die Zahl 240.
b) Bilde die Summe aus 145 und 27. Subtrahiere die Zahl 39.
c) Subtrahiere vom Quotienten der Zahlen 252 und 18 die Zahl 6.
d) Multipliziere 67 und 7. Addiere dann die Zahl 2500.
e) Bilde die Differenz der Zahlen 80 und 37. Subtrahiere dann die Zahl 15.
f) Dividiere die Zahl 225 durch 25. Addiere die Zahl 56.

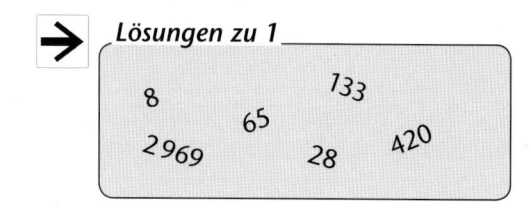

→ *Lösungen zu 1*
8   133
    65
2969   28   420

★★ 2. Stelle Terme auf und ermittle jeweils die Ergebnisse.

a) Subtrahiere vom Produkt der Zahlen 7 und 22 den Quotienten der Zahlen 91 und 7.
b) Multipliziere die Differenz der Zahlen 81 und 45 mit der Summe der Zahlen 15 und 19.
c) Addiere zur Differenz der Zahl 96 und 24 das Produkt aus 23 und 12.
d) Dividiere die Summe aus 72 und 33 durch den Quotienten aus 70 und 14.
e) Multipliziere die Summe der Zahlen 41 und 55 mit der Differenz der Zahlen 17 und 14.
f) Subtrahiere das Produkt aus 60 und 6 vom Quotienten aus 5000 und 8.

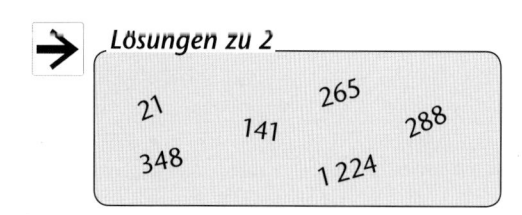

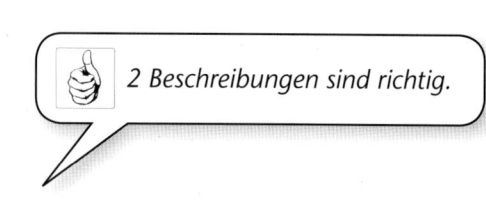

→ *Lösungen zu 2*
21   265
    141   288
348   1224

👍 2 Beschreibungen sind richtig.

★★ 3. Kreuze die richtige Beschreibung an. 78 · 3 − (468 − 399) =

☐ Addiere zum Produkt aus 78 und 3 die Differenz aus 468 und 399.
☐ Subtrahiere von der Differenz aus 468 und 399 das Produkt aus 78 und 3.
☐ Subtrahiere vom Quotienten aus 78 und 3 die Differenz aus 468 und 399.
☐ Subtrahiere vom Produkt der Zahlen 78 und 3 die Differenz aus 468 und 399.
☐ Bilde die Differenz der Zahlen 468 und 399. Subtrahiere diese vom Produkt der Zahlen 78 und 3.

★★ 4. Stelle einen Term auf und löse.

a) Ein Fahrradhändler verkauft drei Kinderräder zu je 195 €, vier Herrenräder zu je 390 € und zwei Rennräder zu je 890 €. Wie hoch ist seine Gesamteinnahme?
b) Die eine Seite eines Rechtecks ist 40 cm lang, die andere Seite 60 cm. Ermittle den Umfang.
c) Maria geht einkaufen. Von ihrer Mutter hat sie 50 € bekommen. Sie kauft Obst zu 8,50 €, Wurstwaren zu 6,45 € und Milchprodukte zu 4,28 €. Wie viel bleibt übrig?

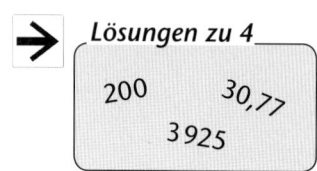

→ *Lösungen zu 4*
200   30,77
    3925

Terme und Gleichungen

Terme mit Variablen

1. Vereinfache.

a) x + x + x + x = _____

b) y + y + y = _____

c) a + a + a + a + a = _____

d) z + z + z + z + z + z + z = _____

e) 3u + 5u − 6u = _____

f) 24b + 2b − 10b = _____

g) 15a + a − 2a = _____

h) 20c − 17c + 6c = _____

→ **Lösungen zu 1**

7z   5a   4x   9c   14b   2u   14a   3y

2. Vereinfache.

a) 45x − x · 15 + 12x = _____

b) 630a + a · 80 − a · 200 = _____

c) 0,5f + 11,5f − 3,5f = _____

d) $\frac{1}{2}$m · 15 + 2,5m − 8m = _____

e) 33d − d · 8 + d · 14 = _____

f) 0,4z + 28,6z + z = _____

g) 25a − 9a − a · 5 = _____

h) 72y − 40y + y · 0,5 = _____

→ **Lösungen zu 2**

30z   32,5y   8,5f   42x   510a   11a   2m   39d

3. Vereinfache.

a) 10 + 3x + x + 18 = _____

b) 23a + 6 − 5a − 10 = _____

c) 52 − 4b + 20b − 32 = _____

d) 19u − 50 + 31u + 60 = _____

e) 41z − 22z + 85 − 12z = _____

f) 73 + 15 + 29t − 3t = _____

g) 8m − 2m + 68 − 17 = _____

g) v · 29 + 70 − 10v + 5,5 = _____

→ **Lösungen zu 3** „verdreht"

26t + 88
−4 + 18a
+4x + 28
−16b + 20
51 + 6m
10 + 50u
75,5 + 19v
85 + 7z

👍 *Die Zahlen „24" und „21" kommen dreimal vor.*

4. Ergänze die Tabelle.

x	3x	3x + 4x	7x	5x + 4	3x − 5 + 7x
x = 2					
x = 3					
x = 5					
x = 7					
x = 10					

5. Vereinfache.

a) 70x + 50 − 30y − 20x + 340 − 12y = _____

b) 14 − a · 6 + b · 11 − 20 + 21a − 10b = _____

c) 6,5y + 65 − 6,5z − 6,5 + y · 3,5 − 40z − 8 · 1,5 = _____

d) f · 7 − 71 : 10 + 15s − 7f − 9s − s · 6 = _____

e) 8a − 14b + 83 · 5 − a · 6 + 6b − 13s = _____

👍 *Die „Einzelteile":*

15a   −13s   b   50x
−6   46,5   10y
−46,5z   −7,1   2a   390
−8b   −42y   415

GLEICHUNGEN LÖSEN

★ 1. Löse die folgenden Gleichungen.

a) $20 + x = 150$

b) $x - 50 = 20$

c) $5x = 70$

d) $x : 4 = 25$

→ **Lösungen zu 1**

70   14   100   130

★★ 2. Löse die folgenden Gleichungen.

a) $x + 25 = 97 - 32$

b) $x - 22 = 59 + 21$

c) $8 \cdot 3{,}5 = x - 18$

d) $x - 45 = 14 : 2{,}8$

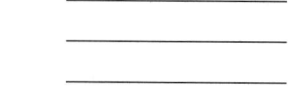

→ **Lösungen zu 2**

50   40   46   102

★★ 3. Erstelle für die Aufgaben 1 und 2 die Probe.

$20 + x = 150$

$x - 50 = 20$

$5x = 70$

$x : 4 = 25$

$x + 25 = 97 - 32$

$x - 22 = 59 + 21$

$8 \cdot 3{,}5 = x - 18$

$x - 45 = 14 : 2{,}8$

→ **Die Zahlen der Probe**

25   150   65   80   5   70   28   20

★★★ 4. Löse durch äquivalentes Umformen.

a) $3{,}4 + x = 18{,}6$

b) $6 \cdot 4{,}5 = x - 25{,}5$

c) $45{,}4 = x - 6 - 17{,}2$

d) $5 : 0{,}2 = x - 16$

e) $8{,}1 \cdot 7 = x - 28{,}7$

f) $x - 94{,}7 = 66{,}4 : 4$

→ **Lösungen zu 4**

68,6   41   15,2   111,3   85,4   52,5

Terme und Gleichungen

Gleichungen aufstellen

1. Stelle eine Gleichung auf und löse sie.

a) Herr Bäumer will in seinem Garten eine Naturhecke pflanzen. Wie teuer waren die einzelnen Stöcke, wenn er für 15 Pflanzenstöcke insgesamt 570 € gezahlt hat?

b) Sandra kauft im Schreibwarenladen Stifte für 2,80 €, Hefte für 4,60 € und einen Schreibblock. Wie teuer war der Block, wenn die Rechnung 9,20 € betrug?

c) Ein Radfahrer möchte auf drei Etappen sein Ziel erreichen. Nach der ersten Teilstrecke von 20 Kilometern macht eine kurze Pause. Die nächsten beiden Teilstrecken sind jeweils 18 Kilometer lang. Wie lang ist die gesamte Fahrtstrecke?

d) Maxi geht zum Einkaufen. Er bezahlt für Obst 3,80 € und für Getränke 11,90 €. Wie viel € bekommt er zurück, wenn er mit einem 20-€-Schein bezahlt?

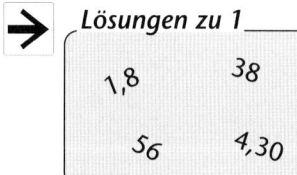

→ *Lösungen zu 1*

1,8   38   56   4,30

2. Stelle eine Gleichung auf und löse sie.

a) Multipliziert man eine Zahl mit 12, so erhält man 204.

b) Das Produkt aus 30 und einer Zahl vermindert um 38 ergibt 652.

c) Bilde die Summe aus 44 und 57. Du erhältst die Zahl, vermindert um 98.

d) Die Differenz aus 68 und 50 ergibt das Neunfache der Zahl.

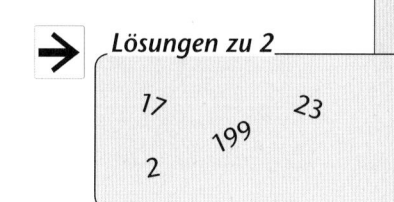

→ *Lösungen zu 2*

17   23   199   2

3. Stelle eine Gleichung auf und löse sie.

a) Peter kauft Briefmarken. Er kauft 4 Marken zu 0,90 €, 5 Marken zu 1,45 € und 8 weitere Briefmarken. Zusammen bezahlt er 28,45 €. Wie viel kostet eine dieser 8 Briefmarken?

b) Frau Müller verdient als Aushilfe in einem Bekleidungsmarkt in 42 Arbeitsstunden 453,90 €. Wie hoch war ihr Stundenlohn, wenn sie eine Zulage von 84,30 € erhalten hat?

c) Herr Gärtner kauft ein neues Auto. Er bezahlt in 20 Raten zu je 520 € pro Monat. Wie teuer war die Anzahlung, wenn das Auto insgesamt 12 400 € kostet?

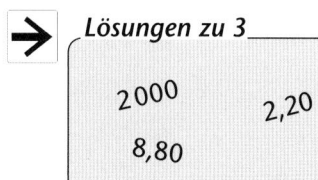

→ *Lösungen zu 3*

2000   2,20   8,80

4. Stelle eine Gleichung auf und löse sie.

a) Eine Klassenfahrt kostet für die 22 Schüler der Klasse 7b 396 €. Wie hoch waren die Kosten für den Eintritt in ein Museum pro Schüler, wenn ein Sechstel davon Eintrittsgelder waren?

b) Wenn man vom Quotienten der Zahlen 660,4 und 25,4 die Zahl 85 subtrahiert, erhält man die Differenz aus einer Zahl und 312.

c) Das Produkt aus einer Zahl und 2,7 ergibt die Summe aus –16,1 und –24,4.

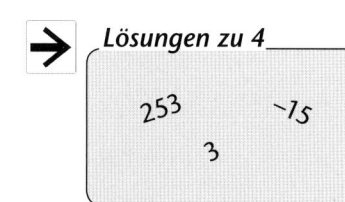

→ *Lösungen zu 4*

253   –15   3

Terme und Gleichungen

GLEICHUNGEN BEI GEOMETRIEAUFGABEN

★ **1. Zeichne Skizzen, stelle Gleichungen auf und löse.**

a) Die Länge eines Rechtecks beträgt 6,5 m, die Breite 4 m. Berechne die Fläche des Rechtecks.

b) Ein rechteckiges Grundstück mit einer Länge von 26 m hat eine Fläche von 494 m². Wie breit ist es?

c) Ein Quadrat hat einen Umfang von 188 cm. Wie lang ist eine Seite?

d) Die Seitenlänge eines Quadrats beträgt 3 m. Wie groß ist die Fläche?

e) Ein Quader ist 70 cm lang, 50 cm breit und 20 cm hoch. Wie groß ist sein Volumen?

f) Ein gleichseitiges Dreieck hat einen Umfang von 1,95 m. Wie lang ist eine Seite?

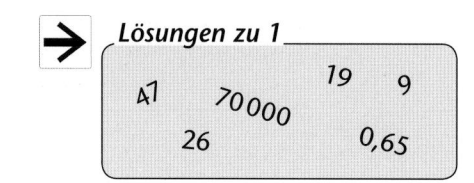

→ **Lösungen zu 1**
47   70 000   19   9
       26   0,65

★★ **2. Berechne die fehlende Größe mithilfe einer Gleichung.**

a) Der Umfang eines Rechtecks beträgt 230 m. Eine Seite ist 80 m lang.

b) Ein Quader hat eine Länge von 4 m und eine Breite von 1,20 m. Wie hoch ist dieser Quader, wenn er ein Volumen von 3,36 m³ aufweist?

c) Ein Quader hat ein Volumen von 6,426 m³. Wie lang ist der Quader, wenn er 2,10 m breit und 90 cm hoch ist?

d) Ein gleichschenkliges Dreieck hat einen Umfang von 2,10 m. Die Basisseite hat eine Länge von 50 cm. Wie lang sind die Schenkel?

e) Ein gleichschenkliges Dreieck hat einen Umfang von 150 cm. Wie lang ist die Grundseite, wenn ein Schenkel 4,5 cm lang ist?

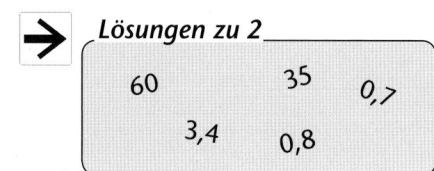

→ **Lösungen zu 2**
60   35   0,7
    3,4   0,8

★★★ **3. Ergänze die fehlenden Größen und löse die Aufgabe mithilfe einer Gleichung.**

a) Welche Fläche umschließt das gesamte Grundstück?

b) Wie groß ist der Umfang ohne Aussparungen?

c) Wie viele Meter Zaun muss errichtet werden, wenn die Aussparungen berücksichtigt werden?

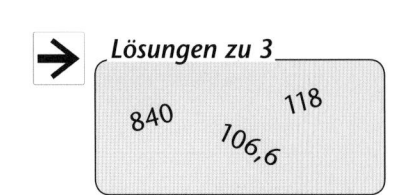

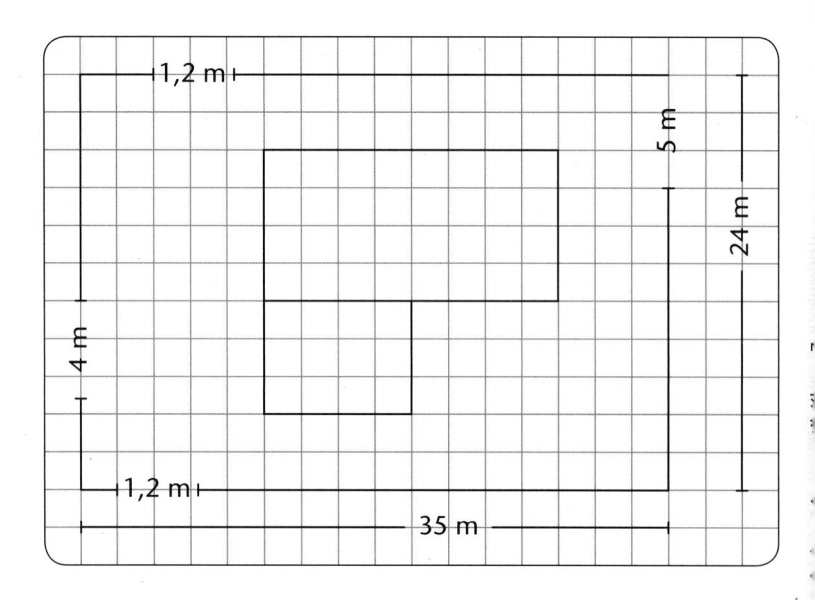

→ **Lösungen zu 3**
840   118
   106,6

Maße der Skizze: 1,2 m; 5 m; 24 m; 4 m; 1,2 m; 35 m

👟 **4.** Erstelle eine Skizze deines Zimmers zu Hause und stelle die Berechnung von Umfang und Fläche in Form einer Gleichung dar. Zeichne ein, wie dein Zimmer ausgestattet ist.

Terme mit zwei Variablen

★ 1. Vereinfache.

a) $a + a + b + b$ = _____   b) $x + x + y + y + y + y$ = _____
c) $5u + 4z - 3u + z$ = _____   d) $20c - 15c + 40f + 12f$ = _____
e) $6d - 3s - 5d + 7s$ = _____   f) $23a - 3m - 13a + 3m$ = _____
g) $10z + 9g + g - 7z$ = _____   h) $y + x + 3x - 2y + 5y$ = _____

★★ 2. Vereinfache.

a) $35x - x \cdot 12 + 5y - 30y + 70 - 40 - 8$ = _____
b) $0,5t + 3,5a + 4,5 - 1,5a + 9,7t + 15,5$ = _____
c) $8,4b + 7,6r + 22,9 - 19,4 - 5,2r + 18,7b$ = _____
d) $2,4p + 17,3f - 3 \cdot 4,5 - 7,6p - 27f + 8$ = _____
e) $-74 + 8b - a \cdot 3 + 19 - b \cdot 7 + 80a$ = _____
f) $\frac{1}{2}s + 12,5t + 61,4 + 2,5s - 40 : 10 - 5,3t$ = _____

★★ 3. Vereinfache.

a) $11 - 7,3a + 4\frac{1}{4}b + 8,9 + 23b + 0,3a$ = _____
b) $2\frac{3}{4}x + \frac{11}{8} + 45\frac{1}{2}x \quad 0,125 + \frac{62}{5}y + 10,5y$ = _____
c) $\frac{49}{10}z + 8,4 + 90n \quad 13,8n + 7,6 \quad 3\frac{1}{5}z$ = _____
d) $\frac{75}{8}f - 6 \cdot \frac{3}{4} + 20 : 2\frac{1}{2} - 9g + \frac{1}{8}f \quad 2\frac{2}{3}g$ = _____

★★★ 4. Vereinfache.

a) $0,5 \cdot 60 - 14\frac{1}{2} : 7\frac{1}{4} + 8,7b - \frac{1}{4}b + 22,8c - 2\frac{3}{5}c$ = _____
b) $5\frac{4}{5}c + 2,2c + 6 : \frac{1}{4} \quad 5\frac{1}{2} \quad 37,4a + 5\frac{9}{10}a$ = _____
c) $5\frac{1}{3}x - 12,4y + 8\frac{1}{3}x + 7,125 + 2\frac{3}{4}y + 18\frac{7}{8}$ = _____
d) $6 : 0,2 - 14,1 + 8\frac{3}{5}a - 5\frac{1}{4}b - 2,5a + 7,75b$ = _____

★★★ 5. Notiere den Term, mit dem die Kantenlänge der Körper berechnet werden kann.

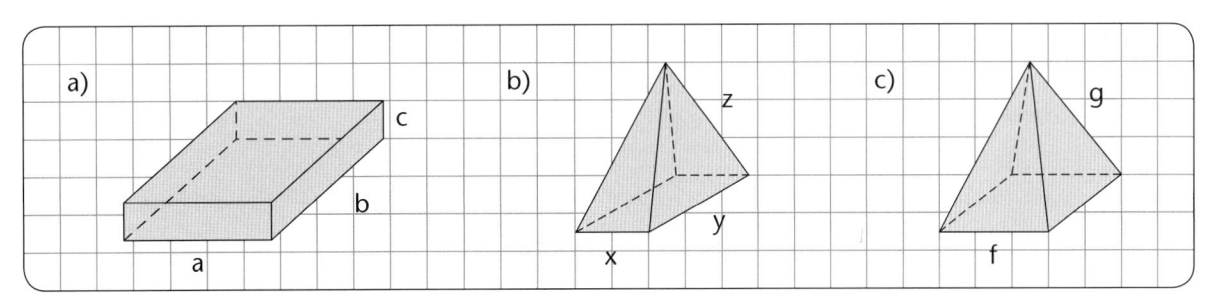

a) Quader mit Kanten a, b, c
b) Pyramide mit Kanten x, y, z
c) Pyramide mit Kanten f, g

★★★ 6. Gib den Umfang der Figur mit einem Term an.

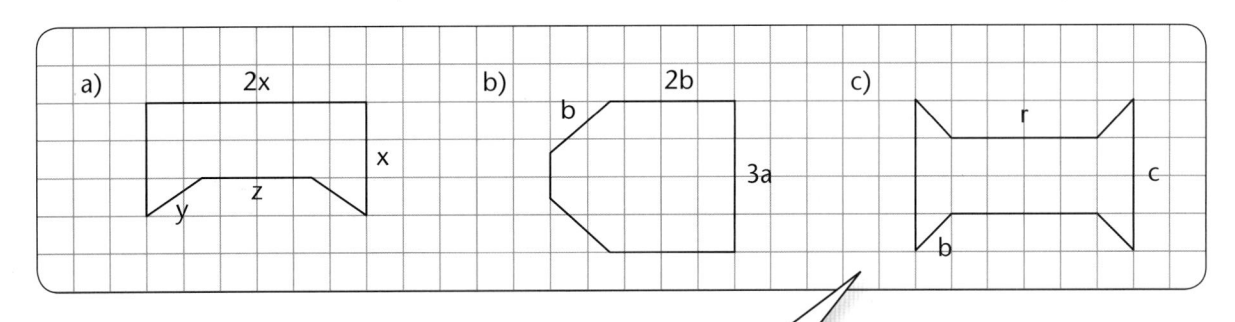

a) Figur mit Seiten $2x$, x, y, z
b) Figur mit Seiten b, $2b$, $3a$
c) Figur mit Seiten r, c, b

Bei c) gibt es 2 Möglichkeiten.

Terme und Gleichungen

Vom Text zur Gleichung

★ 1. Ergänze die fehlenden Teile der Rechnung.

Ein Lottogewinn von 80 000 € wird nach der Höhe des Einsatzes aufgeteilt. Herr Braun erhält halb so viel wie Frau Gärtner, Herr Kraus 20 000 € weniger als Herr Braun. Wie viel € bekommt jeder der Teilnehmer?

Frau Gärtner: _____

Herr Braun: _____

Herr Kraus: _____

Gesamt: _____

Ansatz: _____

_____

_____

Die Lösung besteht aus „5 000-er Zahlen".

Antwort: Frau Gärtner erhält _____ €, Herr Braun _____ € und Herr Kraus _____ €.

★★ 2. Löse ebenso.

a) Eine Schnur von 60 cm Länge wird in drei Teile geschnitten. Das erste Stück ist 11 cm kürzer als das zweite, das dritte Stück 2 cm länger als das zweite. Wie lang sind die einzelnen Stücke?

b) Von drei Zahlen ist die folgende jeweils zwei größer als die vorhergehende. Die Summe der drei Zahlen ist 135. Wie heißen die drei Zahlen?

c) Lukas und Tina sind zusammen 39 Jahre alt. Tina ist um drei Jahre älter als Lukas. Wie alt sind beide?

d) Drei siebte Klassen sammelten für ein Tierheim. Klasse 7a erzielte ein Drittel der Einnahmen, Klasse 7b ein Sechstel, Klasse 7c trug 120 € zum Sammelergebnis bei. Wie hoch waren die gesamten Einnahmen?

e) Michael, Paul, Marie und Lena geben für Weihnachtsgeschenke insgesamt 222 € aus. Michael wendet das Doppelte von Paul auf, vermindert um 20 €. Marie gibt die Hälfte des Betrages der beiden Jungen aus; Lena benötigt 20 € weniger als Marie. Wie viel € hat jeder ausgegeben?

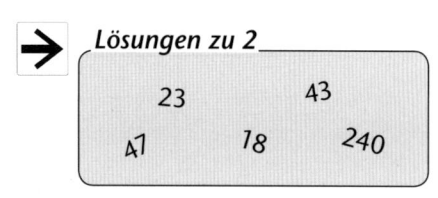

→ Lösungen zu 2_____

23   43
47   18   240

★★★ 3. Erstelle selbst zwei solcher Sachgleichungen.

Terme und Gleichungen

Terme und Gleichungen – neue Aufgabenformen

★ **1.** „Subtrahiere von der Summe der Zahlen 78 und 23 das Produkt aus 12 und 3." Kreuze den richtigen Term an und berechne bei allen Termen die Lösung.

○ 78 − 23 − 12 · 3 = _____

○ 78 + 23 − 12 : 3 = _____

○ 78 + 23 + 12 : 3 = _____

○ 78 + 23 − 12 · 3 = _____

○ 78 − 23 − 12 : 3 = _____

→ *Lösungen zu 1*
105   19
    65
51   97

★ **2.** Ergänze die Tabelle.

x	2x				
2	4	9	8	25	32
3	6	13	13		
5	10	21		52	
10	20	41	48		
20	40	81			392

Fehlende Ergebnisse:
34   23   98   97
92   192   187   52

★ **3.** Ergänze anhand des Terms die Aufgabenstellung.

31 920 = 60 · x · 14

Ein Quader mit einem Volumen von _____ hat eine Länge von _____ und eine Höhe von _____. Wie breit ist dieser Quader?

★ **4.** Zeichne anhand der Terme zur Berechnung des Umfangs die gegebene geometrische Fläche.

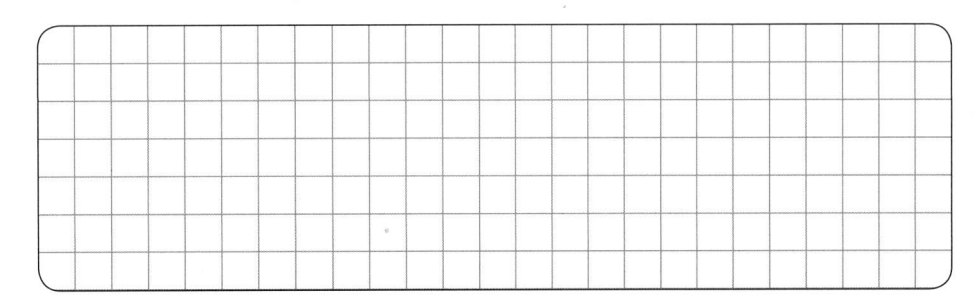

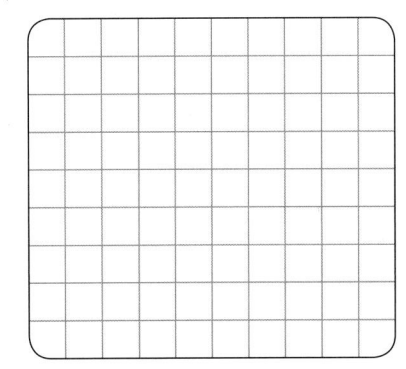

a) U = 2 · a + 2 · b

Bei a) gibt es zwei Möglichkeiten

b) U = 3 x

c) U = a + 2 b

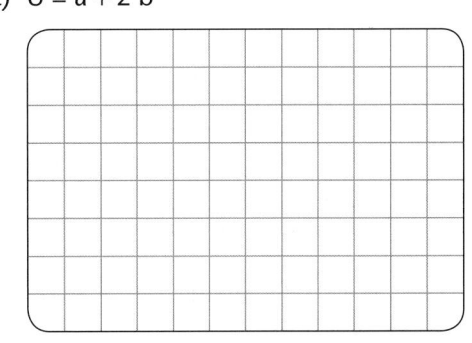

Terme und Gleichungen 47

Umfang und Fläche des Dreiecks

1. Ergänze die fehlenden Werte zur Berechnung am unregelmäßigen Dreieck.

Seite a	5 cm	4,5 m	52 dm	cm	2,1 km
Seite b	7 cm	dm	37 dm	22,8 cm	1 200 m
Seite c	10 cm	23 dm	dm	33,3 cm	1 450 m
Umfang	cm	9,8 m	11,7 m	0,735 m	km

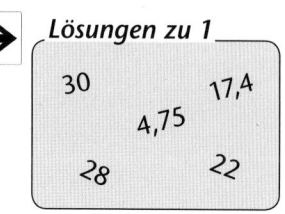

→ **Lösungen zu 1**: 30   17,4   4,75   28   22

2. Ergänze die fehlenden Werte zur Berechnung am gleichschenkligen Dreieck.

Grundseite	12 cm	dm	6,4 m	cm	4 km
Schenkel	8 cm	1,5 dm	m	1,1 m	km
Umfang	cm	50 cm	13,8 m	35 dm	9 000 m

→ **Lösungen zu 2**: 2,5   2   3,7   28   130

3. Ergänze die fehlenden Werte zur Berechnung am gleichseitigen Dreieck.

Seite	35 cm	dm	5,4 m	m	3,8 km
Umfang	cm	2,1 m	dm	150 cm	m

→ **Lösungen zu 3**: 7   11 400   162   105   0,5

4. Ergänze die fehlenden Werte zur Berechnung am Dreieck.

Grundseite	2,4 m	30 cm	8,5 dm	0,9 m	km
Höhe	1 m	1,5 dm	cm	20 cm	0,4 km
Fläche	m²	cm²	25,5 dm²	m²	1 km²

→ **Lösungen zu 4**: 0,09   22,5   5   1,2   60

5. Berechne Umfang und Fläche der folgenden Dreiecke. Trage die Höhe in die Zeichnung ein.

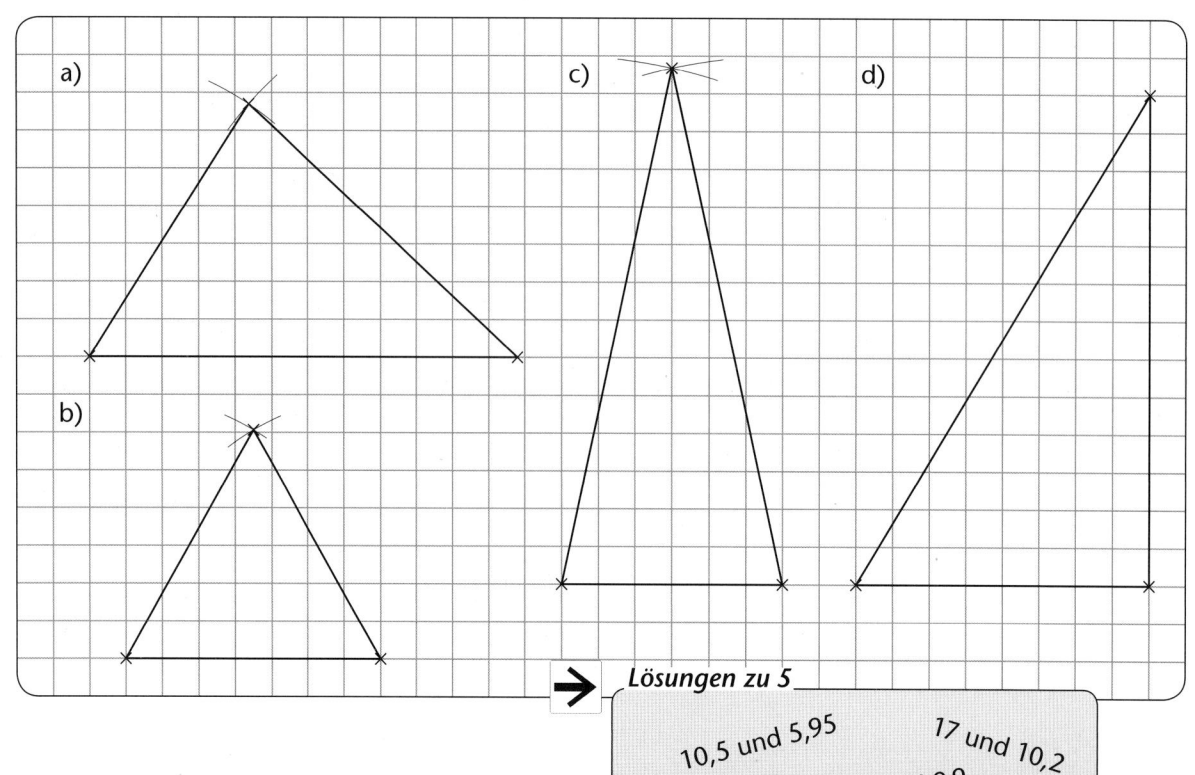

→ **Lösungen zu 5**: 10,5 und 5,95   17 und 10,2   18,1 und 13   15 und 9,9

Geometrie 2

Umfang und Fläche von Rechteck und Parallelogramm

1. Ergänze die fehlenden Werte zur Berechnung am Rechteck.

Länge a	30 cm	7,5 dm	3,4 m	48 cm	m
Breite b	12 cm	24 cm	15 cm	cm	0,4 m
Umfang U	cm	cm	dm	cm	m
Fläche A	cm²	cm²	dm²	480 cm²	2 m²

Lösungen zu 1: 10   71   51   84   116   5   10,8   198   360   1800

2. Ergänze die fehlenden Werte zur Berechnung am Parallelogramm.

Grundseite a	20 cm	45 cm	5 dm	64 cm	m
Seite b	8 cm	cm	12 cm	18 cm	25 cm
Höhe h	5 cm	7 cm	10 cm	cm	18 cm
Umfang U	cm	110 cm	dm	m	450 cm
Fläche A	cm²	cm²	dm²	0,0768 m²	36000 cm²

Lösungen zu 2: 56   100   6   12   2   1,64   10   12,4   315

3. Berechne Umfang und Fläche der folgenden Rechtecke und Parallelogramme.

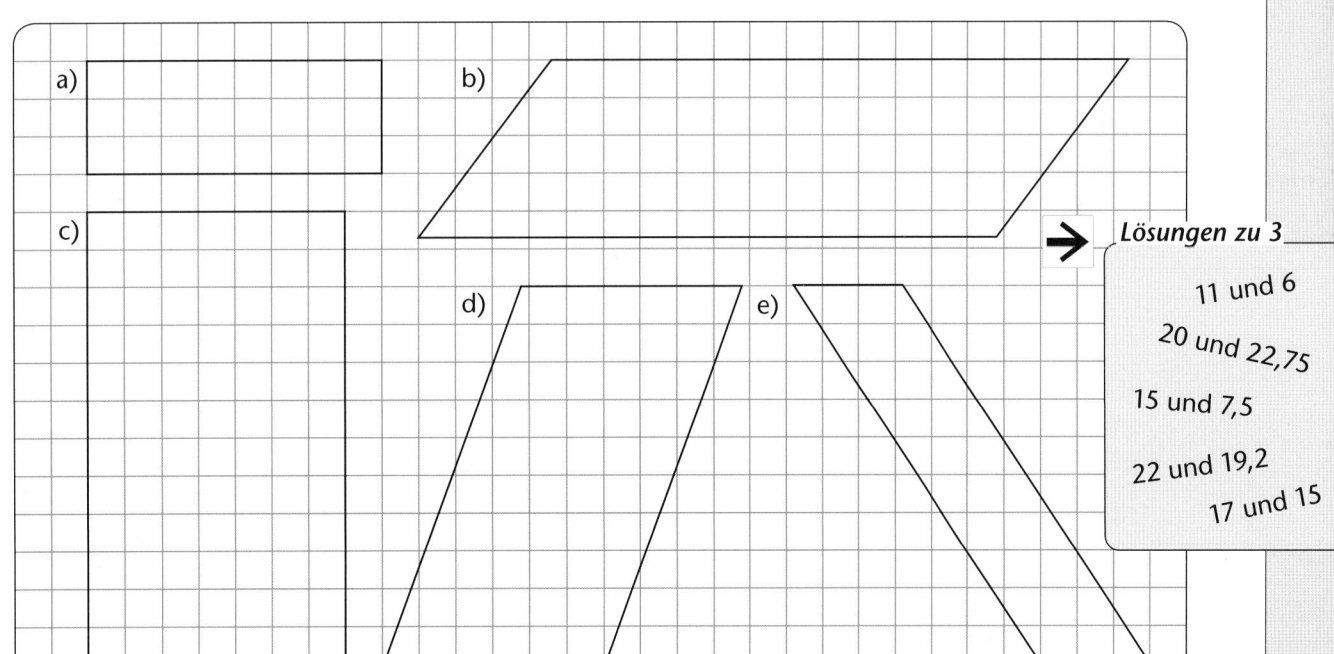

Lösungen zu 3:
11 und 6
20 und 22,75
15 und 7,5
22 und 19,2
17 und 15

4. Zeichne, benenne und berechne.

a) Zeichne ein Rechteck mit den Punkten A (2|1), B (4|1) und C (4|7) in ein Koordinatensystem (Einheit 1 cm) ein. Ergänze zu einem Rechteck, benenne die Koordinaten des Punktes D und berechne Umfang und Fläche.

b) Zeichne ein Parallelogramm mit den Punkten A (5,5|1), B (10,5|1) und D (7,5|3) in ein Koordinatensystem (Einheit 1 cm) ein. Ergänze zu einem Parallelogramm, benenne die Koordinaten des Punktes C und berechne Umfang und Fläche. Fehlende Maße entnimm deiner Zeichnung.

Lösungen zu 4: 16 und 12   2|7   12,5|3   16 und 10

Geometrie 2

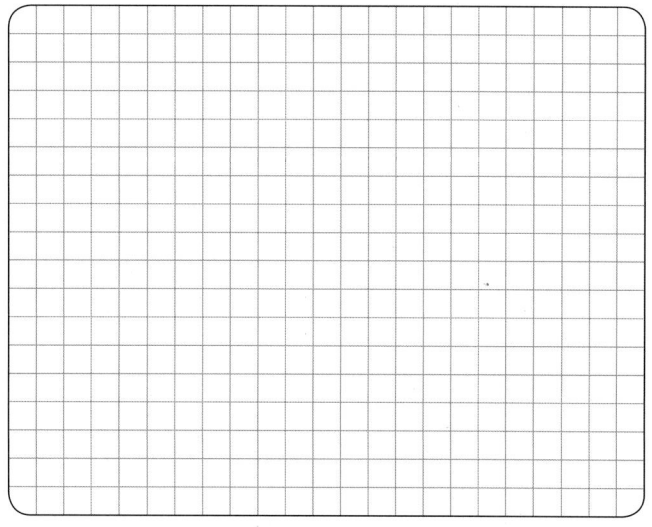

Rauminhalt und Oberfläche von Quadern

1. Bringe verschiedene „Quader" in die Schule mit und erläutere anhand dieser Gegenstände, wie du hier Rauminhalt und Oberfläche berechnest.

2. Berechne das Volumen folgender Quader.

	Quader 1	Quader 2	Quader 3	Quader 4	Quader 5
Seite a	6 cm	1,5 m	20 dm	40 cm	2,5 m
Seite b	4 cm	1 m	15 dm	28 cm	200 cm
Seite c	2 cm	0,5 m	6 dm	10 cm	4 dm
Volumen	cm³	m³	dm³	dm³	m³

→ Lösungen zu 2

2   1 800   48
11,2   0,75

3. Berechne die Oberfläche folgender Quader.

	Quader 1	Quader 2	Quader 3	Quader 4	Quader 5
Kante a	8 cm	10 cm	1 m	120 cm	2,5 m
Kante b	6 cm	12 cm	2 m	8 dm	140 cm
Kante c	3 cm	18 cm	1 m	5 dm	80 cm
Oberfläche	cm²	cm²	m²	dm²	dm²

→ Lösungen zu 3

1 032   1 324
10   180   392

4. Ein Quader hat die Maße a = 80 cm; b = 60 cm; c = 30 cm (= Höhe).
Fertige ein Schrägbild im Maßstab 1 : 20 an. Berechne Volumen und Oberfläche des Quaders.

Die Zahl des Volumens ist 8-mal so groß wie die der Oberfläche.

5. Berechne Rauminhalt und Oberfläche folgender Quader.

a) 5 cm, 40 cm, 10 cm, 35 cm, 35 cm, 60 cm

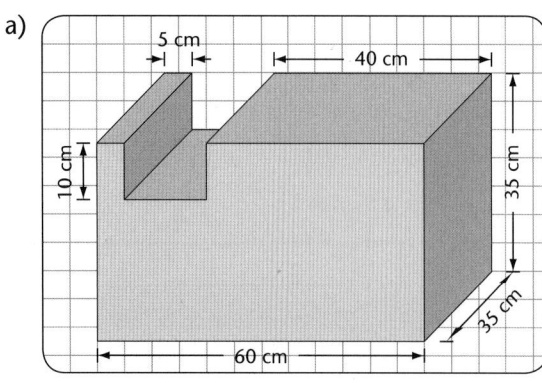

b) 30 cm, 24 cm, 30 cm, 50 cm, 40 cm

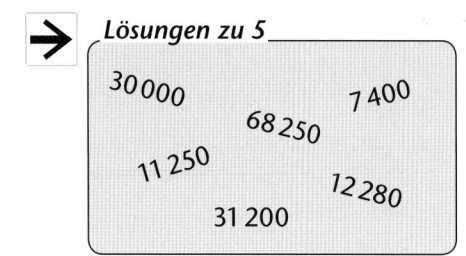

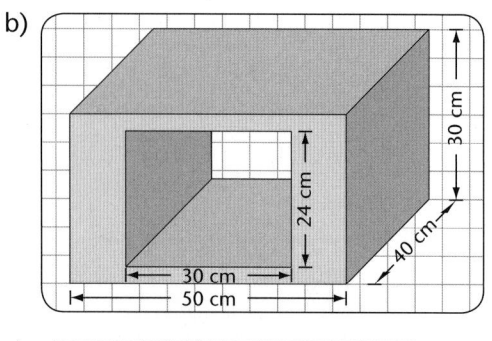

c) 30 cm, 10 cm, 10 cm, 10 cm, 30 cm, 40 cm

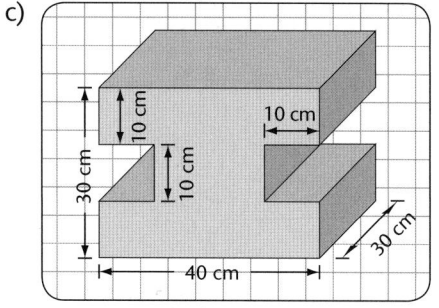

→ Lösungen zu 5

30 000   7 400
68 250
11 250   12 280
31 200

Geometrie 2

Rauminhalt und Oberfläche von drei- und vierseitigen Prismen

1. Berechne Rauminhalt und Oberfläche der dargestellten Prismen.

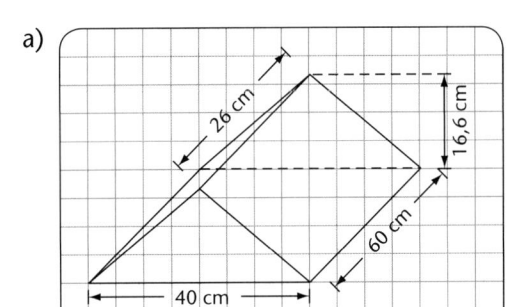

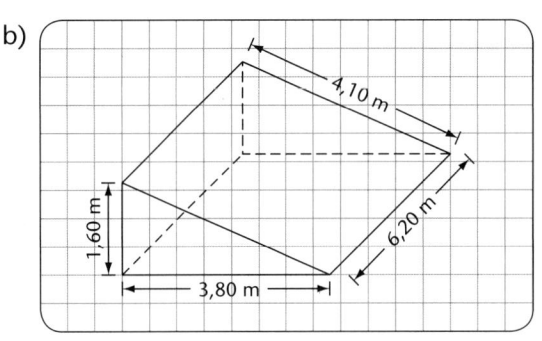

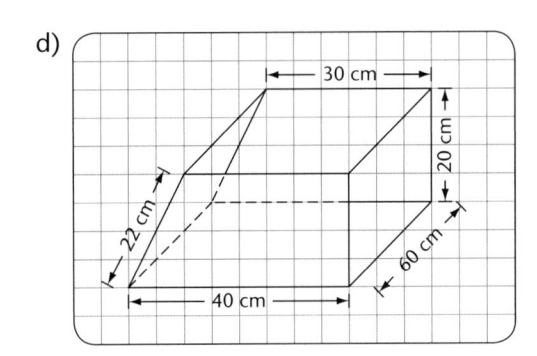

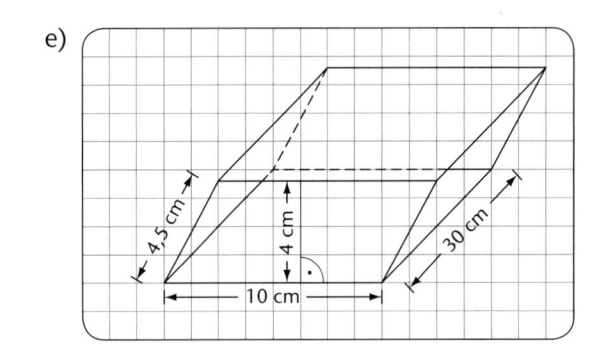

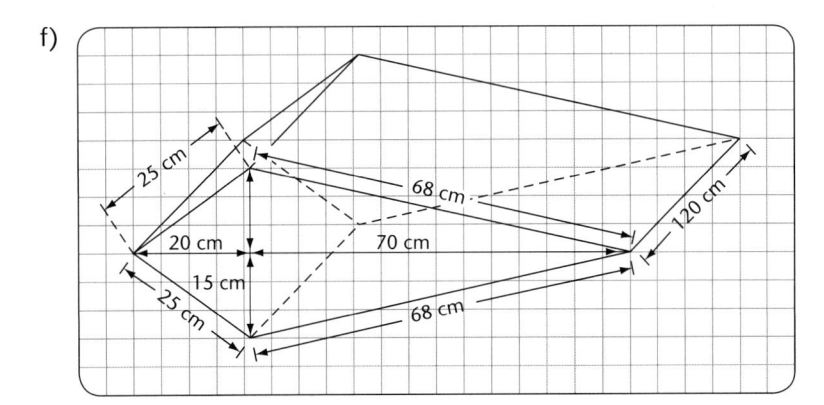

a) [Prisma: 26 cm, 16,6 cm, 60 cm, 40 cm]

b) [Prisma: 4,10 m, 1,60 m, 6,20 m, 3,80 m]

c) [Prisma: 90 cm, 26,5 cm, 20 cm, 40 cm, 65,5 cm]

d) [Prisma: 30 cm, 20 cm, 22 cm, 40 cm, 60 cm]

e) [Prisma: 4,5 cm, 4 cm, 30 cm, 10 cm]

f) [Prisma: 25 cm, 68 cm, 120 cm, 20 cm, 70 cm, 15 cm, 25 cm, 68 cm]

→ *Lösungen zu 1*

$V = 18{,}848 \text{ m}^3$ $V = 162\,000 \text{ cm}^3$ $A = 64{,}98 \text{ m}^2$ $A = 6295 \text{ cm}^2$

$V = 23\,850 \text{ cm}^3$ $V = 1\,200 \text{ cm}^3$ $A = 25\,020 \text{ cm}^2$ $A = 960 \text{ cm}^2$

$V = 19\,920 \text{ cm}^3$ $V = 162\,000 \text{ cm}^3$ $A = 6184 \text{ cm}^2$ $A = 8120 \text{ cm}^2$

Geometrie 2

FLÄCHE UND UMFANG VON TRAPEZ, DRACHEN UND RAUTE

1. Berechne Umfang und Fläche folgender Trapeze.

Seite a	8 cm	10 m	12 cm	14 cm	16 m
Seite b	3,5 cm	5 m	6 cm	5 cm	6 m
Seite c	5 cm	6 m	2 cm	10 cm	7 m
Seite d	3 cm	5 m	9,5 cm	3 cm	6 m
Höhe h	2,5 cm	4,5 m	5,5 cm	3 cm	4 m
Umfang					
Fläche					

→ Lösungen zu 1

32   36   36   38,5   19,5
26   29,5   35   46   16,25

2. Berechne Umfang und Fläche folgender Drachen.

Seite a	2,5 cm	3 cm	2,5 m	3 m	4 cm
Seite b	4,5 cm	6,5 cm	3,5 m	8 m	12,5 cm
Diagonale e	6 cm	8 cm	5 m	9 m	15 cm
Diagonale f	4 cm	4 cm	3 m	5 m	6 cm
Umfang					
Fläche					

👍 Die Formel für die Berechnung der Fläche lautet: e · f : 2.

3. Berechne Umfang und Fläche folgender Rauten.

Seite a	4 cm	5 m	2 cm	7 cm	10 m
Diagonale e	7 cm	8 m	4 cm	13 cm	17 m
Diagonale f	4 cm	6 m	1 cm	5 cm	11 m
Umfang					
Fläche					

👍 Die Formel für die Berechnung der Fläche lautet: a · h.

4. Berechne Umfang und Fläche folgender Rauten.

Seite a	5 cm	7 cm	10 m	12,5 m	15 cm
Höhe h	2 cm	4 cm	6 m	6 m	8 cm
Umfang					
Fläche					

GEOMETRIE 2 – NEUE AUFGABENFORMEN

★ 1. Wo findest du in den folgenden Bildern Rechtecke, Parallelogramme, Trapeze, Drachen und Rauten? Schätze die Größen und berechne jeweils Umfang und Fläche.

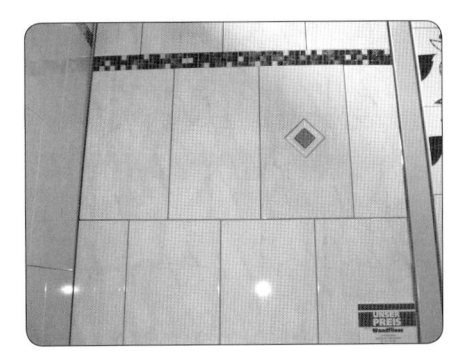

★ 2. Wo findest du in den folgenden Bildern Quader, dreiseitige oder vierseitige Prismen? Schätze die Größen und berechne Oberfläche und Volumen.

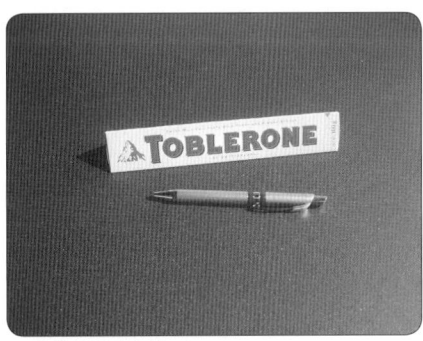

Geometrie 2

Proportionale Funktionen berechnen

1. Ergänze die Tabellen der proportionalen Funktion.

a)
Länge	Preis
2 m	
3 m	12 €
7 m	
9 m	
	40 €

b)
Liter	Preis
3 ℓ	
5 ℓ	6,00 €
8 ℓ	
	12,00 €
	24,00 €

c)
Zeit	Preis
4 s	
	785 m
10 s	1 570 m
	2 355 m
45 s	

2. Ergänze.

Wenn man für 15 Stunden Arbeit 189,60 € erhält, dann bekommt man für eine Stunde Arbeit den

_____ Teil, also _____ € : _____ = _____ €.

Wenn man für eine Stunde Arbeit 15,20 € erhält, dann bekommt man für 28 Stunden

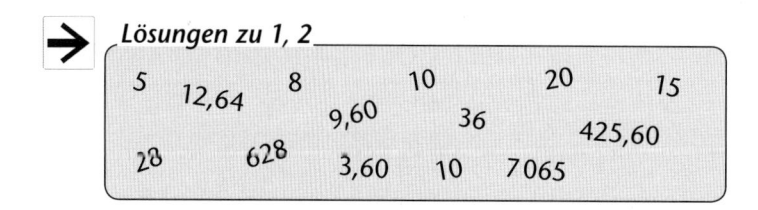

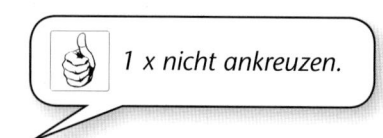

_____.

→ Lösungen zu 1, 2

5   12,64   8   9,60   10   36   20   425,60   15   28   628   3,60   10   7065

1 x nicht ankreuzen.

3. Kreuze die proportionalen Funktionen an.

○ Ein Liter Milch kostet 1,06 €. Drei Liter kosten 3,18 €.
○ Eine Pumpe fördert in einer Minute 60 ℓ Wasser. In 30 Sekunden liefert sie 30 ℓ Wasser.
○ Im Supermarkt kosten 5 kg Äpfel 6,50 €. 2 kg kosten 3,30 €.
○ Für 400 km verbraucht ein Pkw 32,8 ℓ Benzin. Für 150 km verbraucht er 12,3 ℓ.

4. Herr Gentner hat in einer Tippgemeinschaft Lotto gespielt und für seine 3 Anteile 384 € des Gesamtgewinns erhalten. Insgesamt wurden 12 Anteile gespielt.

a) Wie hoch war der Gewinn von Herrn Zwack, wenn Herr Zwack 5 Anteile bekommt?
b) Wie hoch war der Gewinn von Herrn Korber?
c) Wie hoch war der Gewinn insgesamt?

5. Familie Färber hat ein Grundstück mit 640 m² für 69 120 € gekauft. Familie Mandlik zahlte für ein Grundstück mit 590 m² 73 160 €. Wie hoch ist der durchschnittliche Preis pro Quadratmeter, wenn Familie Stix pro m² 11 € mehr als Familie Färber gezahlt hat?

6. Vier Arbeiter erledigen den Aushub einer Grube in 5 Arbeitstagen. Acht Arbeiter erledigen demzufolge den Aushub einer Grube in 10 Arbeitstagen. Nimm Stellung.

Funktionen und Größen

Proportionale Funktionen graphisch darstellen

Ein Flugzeug startet um 10.00 Uhr vom Flughafen München aus und fliegt mit einer durchschnittlichen Geschwindigkeit von 900 km/h.

★ 1. Ergänze die folgende Tabelle.

Zeit	1 h	2 h		4 h	5 h		10 h
Weg	900 km		2 700 km			7 200 km	

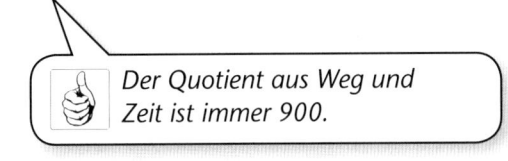

Der Quotient aus Weg und Zeit ist immer 900.

★★ 2. Zeichne in das folgende Koordinatensystem die Wertepaare ein (x-Achse: 1 cm = 1 h; y-Achse: 1 cm = 1 000 km). Denk daran, die Abflugzeit richtig einzutragen.

★★ 3. Wie viele Wertepaare benötigst du, um die Halbgerade zeichnen zu können, wenn das Flugzeug bei 0|0 startet? Begründe.

★★★ 4. Wenn du versuchst, möglichst genau zu zeichnen, bieten sich zwei Wertepaare an. Welche sind es? Begründe.

Funktionen und Größen

FUNKTIONSGLEICHUNGEN

★ **1.** Ergänze die Wertetabelle für die Funktionsgleichung y = 2 x.

x	1	2	3	4	5	6	7	9	10
y									

★ **2.** Ergänze die Wertetabelle für die Funktionsgleichung y = 1,5 x.

x	2	5	8	10	12	15	20	30	100
y									

★★ **3.** Ergänze die Wertetabelle für die Funktionsgleichung y = 0,6 x.

x	5	8	10	15	20	24	36	40	50
y									

→ Lösungen zu 1–3

2 15 3
14 3 14,4
4 4,8 15
18 6
6 20 18
22,5 7,5
8 9 30
21,6 12
10 30 12
24 45
12

★★★ **4.** Ergänze, zeichne und erläutere.

Ergänze die Wertetabelle für die Funktionsgleichung y = 2,5 x, zeichne die Wertepaare in das Schaubild ein (x-Achse: 1 kg = 1 cm; y-Achse: 2 € = 1 cm) und stelle den Zusammenhang graphisch dar. Erläutere den Zusammenhang: „Ein Kilogramm einer Obstsorte kostet 2,50 €, zwei Kilogramm kosten …".

x	0	1	2		4		6		8
y	0	2,5	5	7,5		12,5		17,5	20

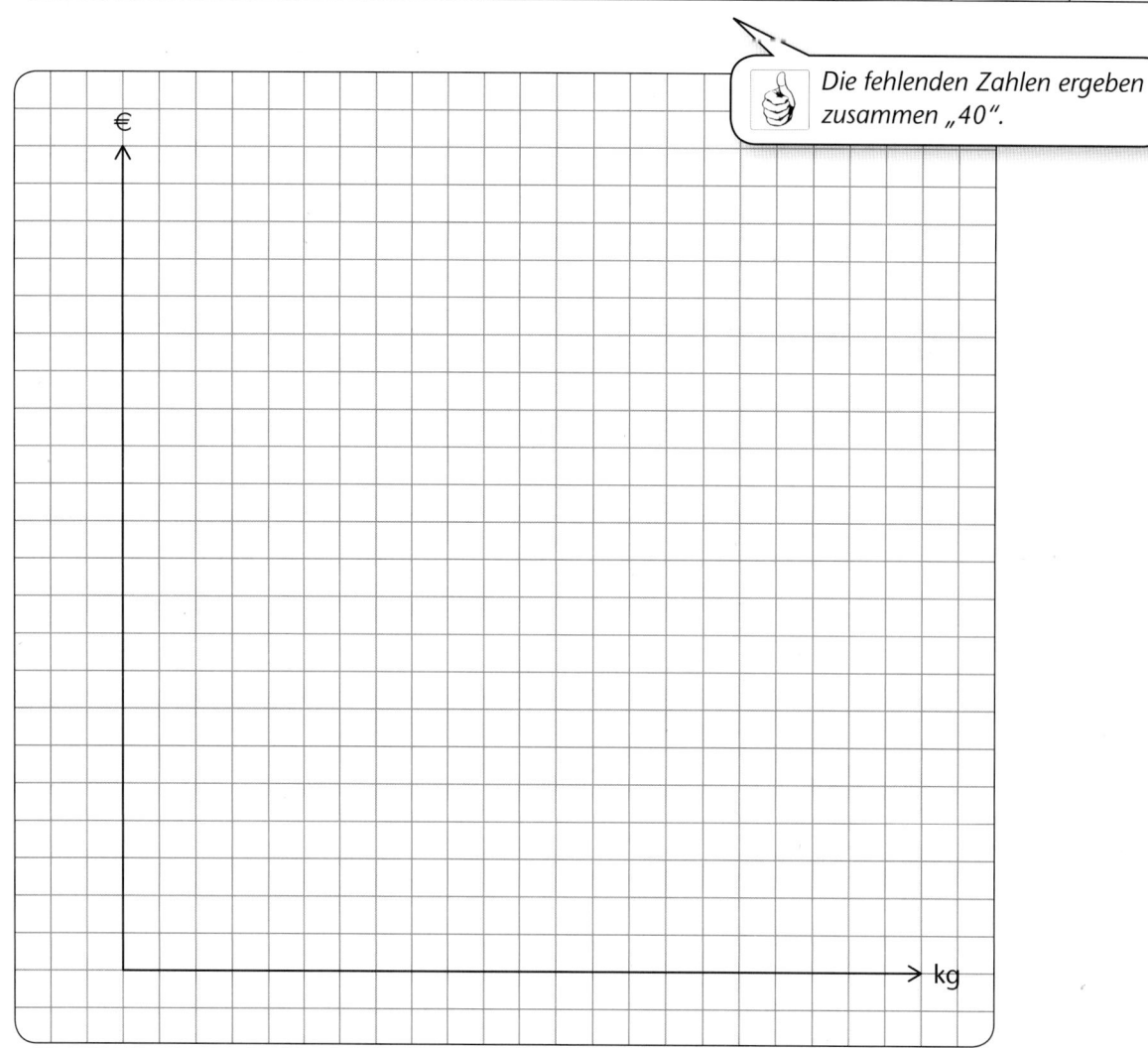

Die fehlenden Zahlen ergeben zusammen „40".

56 Funktionen und Größen

Es sind 4 Fehler enthalten.

FUNKTIONEN UND GRÖSSEN – NEUE AUFGABENFORMEN

1. Kontrolliere die Tabellen und berichtige die Werte, die nicht einer proportionalen Funktion entsprechen.

a)
Stück	Preis
2	1,80 €
3	2,70 €
5	5,40 €
7	6,30 €
10	9,90 €

b)
Entfernung	Fahrpreis
100 km	14 €
200 km	26 €
500 km	70 €
800 km	112 €
1 000 km	140 €

c)
Länge	Gewicht
3 m	4,50 kg
5 m	7,50 kg
8 m	14 kg
12 m	18 kg
20 m	30 kg

2. Ergänze die Sätze, sodass proportionale Funktionen entstehen.

a) Wenn ein Liter Benzin 1,60 € kostet, dann kosten 5 Liter Benzin _____.

b) Wenn ein Pkw mit einer durchschnittlichen Geschwindigkeit von 80 km/h in 5 Stunden 400 km fährt, dann fährt er bei gleichbleibender Geschwindigkeit in 8 Stunden _____.

c) Wenn zwei Liter Farbe für eine Fläche von 5 m² reichen, dann benötigt man für 20 m² _____.

d) Wenn vier Pumpen eine Leistung von 5000 ℓ pro Stunde erbringen, dann erbringen 10 Pumpen eine Leistung von _____.

f) Wenn ein Grundstück bei einer Größe von 600 m² 48 000 € kostet, dann kostet ein Grundstück mit einer Größe von 700 m² _____.

→ *Lösungen zu 2*

8   640   8
56 000   12 500

3. Finde selbst weitere Wertepaare und trage sie (soweit möglich) in das Schaubild ein.

Stunde	1	2		5			10
Kilometer	80	160		400			800

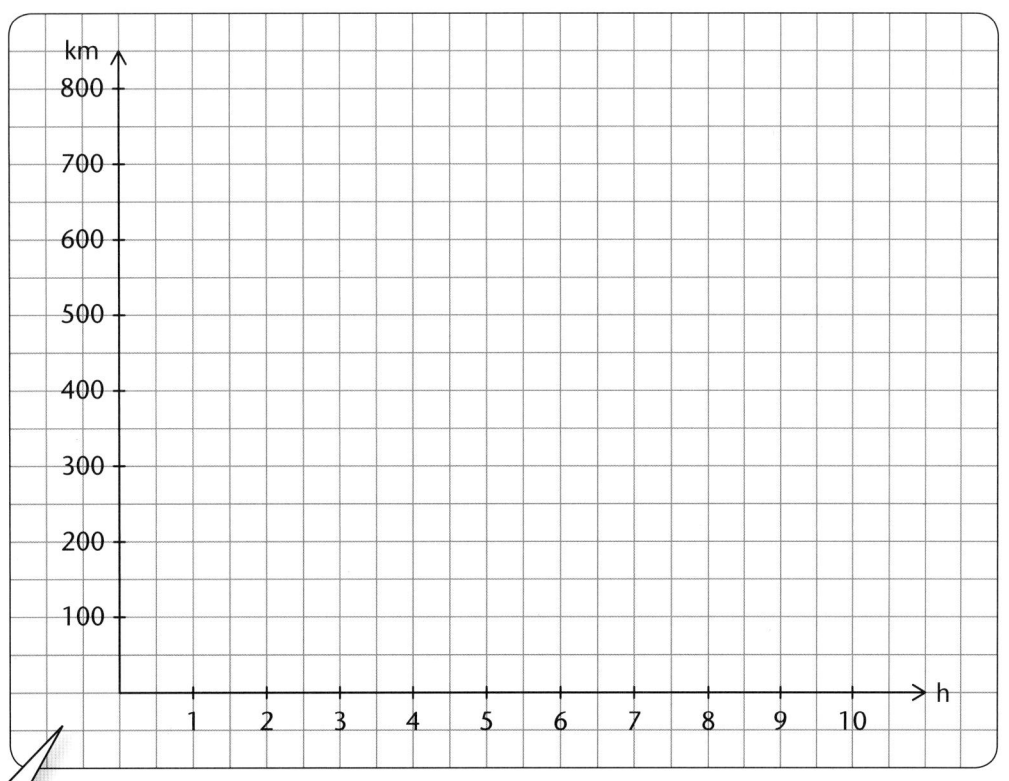

Ein Wertepaar kann man ganz genau einzeichnen.

Funktionen und Größen

BRÜCHE DARSTELLEN

1. a) $\frac{2}{3}$ b) $\frac{1}{4}$ c) $\frac{7}{18}$ d) $\frac{3}{5}$

2. a) $\frac{1}{6}$ b) $\frac{2}{3}$ c) $\frac{3}{4}$ d) $\frac{3}{12}$

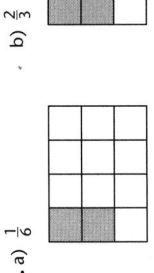

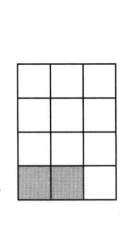

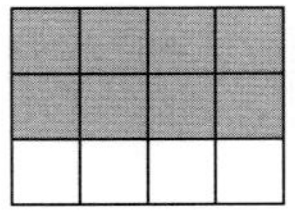

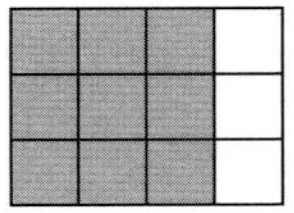

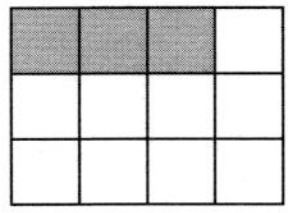

3. a) 15 min; 20 min; 10 min; 5 min
b) 500 g; 200 g; 750 g; 900 g
c) 50 l; 40 l; 25 l; 70 l

4. 3: a) $\frac{6}{15}$; $\frac{3}{21}$; $\frac{12}{27}$; $\frac{6}{33}$
5: b) $\frac{5}{10}$; $\frac{10}{15}$; $\frac{15}{40}$; $\frac{20}{25}$

5. a) 3   b) 2   c) 5   d) 7

6. 4: a) $\frac{2}{3}$ b) $\frac{8}{10}$ c) $\frac{3}{21}$ d) $\frac{14}{6}$
7: a) $\frac{1}{2}$ b) $\frac{3}{12}$ c) $\frac{10}{11}$ d) $\frac{21}{7}$

7. a) 7   b) 4   c) 9   d) 11

8. a) 32   b) 108   c) 12   d) 19

9. a) Richtig   b) Richtig   c) Falsch: $\frac{60}{75} = \frac{4}{5}$ d) Richtig

---

BRÜCHE ADDIEREN UND SUBTRAHIEREN

1. a) $\frac{3}{7} + \frac{2}{7} = \frac{5}{7}$
b) $\frac{3}{8} + \frac{1}{8} = \frac{4}{8} = \frac{1}{2}$
c) $\frac{2}{10} + \frac{4}{10} = \frac{6}{10} = \frac{3}{5}$
d) $\frac{1}{5} + \frac{3}{5} = \frac{4}{5}$

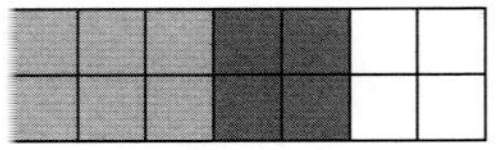

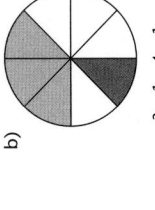

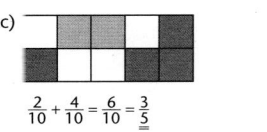

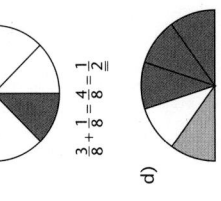

2. a) $\frac{2}{3} + \frac{1}{4} = \frac{8}{12} + \frac{3}{12} = \frac{11}{12}$
b) $\frac{3}{5} + \frac{1}{6} = \frac{18}{30} + \frac{5}{30} = \frac{23}{30}$
c) $2\frac{1}{2} + \frac{3}{7} = \frac{5}{2} + \frac{3}{7} = \frac{35}{14} + \frac{6}{14} = \frac{41}{14} = 2\frac{13}{14}$
d) $\frac{8}{9} + 1\frac{1}{3} = \frac{8}{9} + \frac{4}{3} = \frac{8}{9} + \frac{12}{9} = \frac{20}{9} = 2\frac{2}{9}$

3. a) $\frac{3}{4} - \frac{1}{5} = \frac{15}{20} - \frac{4}{20} = \frac{11}{20}$
b) $\frac{7}{9} - \frac{1}{3} = \frac{7}{9} - \frac{3}{9} = \frac{4}{9}$
c) $3\frac{1}{2} - \frac{2}{5} = \frac{7}{2} - \frac{2}{5} = \frac{35}{10} - \frac{4}{10} = \frac{31}{10} = 3\frac{1}{10}$
d) $\frac{15}{6} - 1\frac{1}{4} = \frac{15}{6} - \frac{5}{4} = \frac{30}{12} - \frac{15}{12} = \frac{15}{12} = 1\frac{3}{12} = 1\frac{1}{4}$

4. a) $3\frac{1}{6} + 2\frac{1}{2} + \frac{1}{4} = \frac{19}{6} + \frac{5}{2} + \frac{1}{4} = \frac{38}{12} + \frac{30}{12} + \frac{3}{12} = \frac{17}{12} = \frac{54}{12} = \frac{9}{2} = 4\frac{1}{2}$
b) $\frac{37}{5} - \frac{5}{2} - \frac{19}{10} - \frac{3}{4} = \frac{148}{20} - \frac{50}{20} - \frac{38}{20} - \frac{15}{20} = \frac{121}{20} = 6\frac{1}{20}$

5. a) $1 - \frac{1}{2} - \frac{1}{7} = \frac{14}{14} - \frac{7}{14} - \frac{2}{14} = \frac{4}{14} = \frac{1}{14}$ → $\frac{14}{14} - \frac{1}{14} = \frac{13}{14}$
b) $\frac{13}{14} \triangleq 65$ km
c) $\frac{1}{14}$
d) $\frac{1}{14} \triangleq 5$ km

6. Erste Möglichkeit:
$\frac{60}{60} - \frac{20}{60} - \frac{10}{60} - \frac{15}{60} - \frac{12}{60} =$
$\frac{3}{60} = \frac{1}{20}$

Zweite Möglichkeit:
$1 - (\frac{1}{3} + \frac{1}{6} + \frac{1}{4} + \frac{1}{5}) =$
$\frac{60}{60} - (\frac{20}{60} + \frac{10}{60} + \frac{15}{60} + \frac{12}{60}) =$
$\frac{60}{60} - \frac{57}{60} =$
$\frac{3}{60} = \frac{1}{20}$

Brüche Multiplizieren und Dividieren

1. a) $\frac{2}{5} \cdot \frac{4}{7} = \frac{8}{35}$
b) $2\frac{3}{8} \cdot \frac{3}{4} = \frac{19}{8} \cdot \frac{3}{4} = \frac{57}{32} = 1\frac{25}{32}$
c) $7\frac{1}{6} \cdot 3\frac{2}{3} = \frac{43}{6} \cdot \frac{11}{3} = \frac{473}{18} = 26\frac{5}{18}$
d) $4\frac{1}{5} \cdot \frac{19}{4} = \frac{21}{5} \cdot \frac{19}{4} = \frac{399}{20} = 19\frac{19}{20}$

2. a) $\frac{2}{3} \cdot \frac{3}{4} = \frac{6}{12}$
b) $\frac{1}{5} \cdot \frac{8}{5} = \frac{8}{25}$
c) $\frac{3}{7} \cdot \frac{6}{9} = \frac{18}{63}$
d) $\frac{3}{2} \cdot \frac{2}{7} = \frac{6}{14}$

3. a) $\frac{4}{3} \cdot \frac{6}{16} = \frac{4}{3} \cdot \frac{16}{6} = \frac{64}{18} = 3\frac{5}{9}$
b) $2\frac{1}{4} \cdot \frac{7}{8} = \frac{9}{4} \cdot \frac{7}{8} = \frac{9}{8} \cdot \frac{8}{4} \cdot \frac{7}{28} = 2\frac{16}{28} = 2\frac{4}{7}$
c) $7\frac{1}{3} \cdot 2\frac{2}{5} = \frac{22}{3} \cdot \frac{12}{5} = \frac{22}{3} \cdot \frac{5}{12} = \frac{110}{36} = 3\frac{2}{36} = 3\frac{1}{18}$
d) $3\frac{1}{4} \cdot \frac{11}{6} = \frac{13}{4} \cdot \frac{11}{6} = \frac{13}{4} \cdot \frac{6}{11} = \frac{78}{44} = 1\frac{34}{44} = 1\frac{17}{22}$

4. $\frac{3}{4} + \frac{2}{7} = \frac{21}{28} + \frac{8}{28} = \frac{29}{28} = 1\frac{1}{28}$
$\frac{3}{4} - \frac{2}{7} = \frac{21}{28} - \frac{8}{28} = \frac{13}{28}$
$\frac{3}{2} : \frac{2}{7} = \frac{3}{4} \cdot \frac{7}{2} = \frac{21}{8} = 2\frac{5}{8}$
$\frac{3}{4} \cdot \frac{2}{7} = \frac{6}{28} = \frac{3}{14}$

5. a) $2\frac{1}{2} \cdot 4 = \frac{1}{2} \cdot 20$
b) $2 + 4 \cdot \frac{3}{4} = 15 \cdot \frac{1}{3}$
c) $6\frac{2}{3} \cdot 6 = 400 \cdot \frac{1}{10}$

6. Lena: $30 \cdot \frac{2}{3} = \frac{30}{1} \cdot \frac{2}{3} = \frac{20}{1}$
Jonas: $30 \cdot \frac{4}{5} = \frac{30}{1} \cdot \frac{4}{5} = \frac{24}{1}$
Paul: $30 \cdot \frac{7}{10} = \frac{30}{1} \cdot \frac{7}{10} = \frac{21}{1}$

7. $315 \text{ km} : 3\frac{1}{2} \text{ h} = \frac{315}{1} : \frac{7}{2} = \frac{315}{1} \cdot \frac{2}{7} = \frac{630}{7} = 90 \text{ km/h}$

8. a) $5\frac{1}{2} \cdot 2\frac{1}{8} = \frac{11}{2} \cdot \frac{17}{8} = \frac{187}{16} = 11\frac{11}{16}$
b) $3 \cdot \frac{1}{6} + 4\frac{1}{3} = \frac{3 \cdot 6}{4} + 4\frac{1}{3} = 18 + 4\frac{1}{3} = 22\frac{1}{3}$
c) $4\frac{1}{5} + 2\frac{2}{3} - 3\frac{1}{4} = \frac{21}{5} + \frac{8}{3} - \frac{13}{4} = \frac{252}{60} + \frac{160}{60} - \frac{195}{60} = \frac{217}{60} = 3\frac{37}{60}$
d) $(14\frac{1}{2} - 2\frac{1}{5}) : 3\frac{3}{4} = (\frac{29}{2} - \frac{11}{5}) : \frac{15}{4} = (\frac{145}{10} - \frac{22}{10}) \cdot \frac{4}{15} = \frac{123}{10} \cdot \frac{4}{15} = \frac{492}{150} = 3\frac{42}{150} = 3\frac{21}{75}$

9. a) $\frac{x}{y} \cdot \frac{a}{b} = \frac{x \cdot a}{y \cdot b}$
b) $\frac{c}{d} : \frac{a}{b} = \frac{c \cdot b}{d \cdot a}$
c) $2 : \frac{a}{b} = \frac{2b}{1 \cdot a}$
d) $\frac{e}{f} : 3 = \frac{e}{f} \cdot \frac{1}{3} = \frac{e}{f} \cdot \frac{1}{3}$

Brüche in Dezimalbrüche verwandeln

1.

	E	z	h	t	
$\frac{4}{10}$	0	4			0,4 null Komma vier
$\frac{7}{100}$	0	0	7		0,07 null Komma null sieben
$\frac{2}{1000}$	0	0	0	2	0,002 null Komma null null zwei
$5\frac{347}{1000}$	5	3	4	7	5,347 fünf Komma drei vier sieben

2. a) $\frac{7}{10} = 0,7$
b) $\frac{9}{100} = 0,09$
c) $\frac{586}{1000} = 0,586$
d) $4\frac{63}{100} = 4,63$

3. a) $0,4 = \frac{4}{10}$
b) $0,94 = \frac{94}{100}$
c) $7,38 = 7\frac{38}{100}$
d) $3,001 = 3\frac{1}{1000}$

4. a) $\frac{1}{2} = \frac{5}{10} = 0,5$
b) $\frac{9}{20} = \frac{45}{100} = 0,45$
c) $\frac{23}{250} = \frac{92}{1000} = 0,092$
d) $\frac{3}{8} = \frac{375}{1000} = 0,375$

5. a) $\frac{6}{30} = \frac{2}{10} = 0,2$
b) $\frac{24}{40} = \frac{6}{10} = 0,6$
c) $\frac{77}{700} = \frac{11}{100} = 0,11$
d) $\frac{39}{3000} = \frac{13}{1000} = 0,013$

6. a) $\frac{8}{16} = \frac{1}{2} = \frac{5}{10} = 0,5$
b) $\frac{15}{60} = \frac{5}{20} = \frac{25}{100} = 0,25$
c) $\frac{6}{75} = \frac{2}{25} = \frac{8}{100} = 0,08$

7. $\frac{1}{2} = 0,5$ $\frac{1}{4} = 0,25$ $\frac{1}{5} = 0,2$ $\frac{1}{8} = 0,125$
$\frac{1}{10} = 0,1$ $\frac{3}{4} = 0,75$ $\frac{2}{5} = 0,4$ $\frac{3}{8} = 0,375$
$\frac{3}{5} = 0,6$ $\frac{4}{5} = 0,8$ $\frac{5}{8} = 0,625$ $\frac{7}{8} = 0,875$
$\frac{1}{25} = 0,04$ $\frac{2}{25} = 0,08$ $\frac{1}{40} = 0,025$ $\frac{1}{50} = 0,02$
$\frac{1}{125} = 0,008$ $\frac{1}{200} = 0,005$ $\frac{1}{250} = 0,004$ $\frac{1}{500} = 0,002$

8. $\frac{1}{3} = 0,333 = 0,\overline{3}$ $\frac{1}{6} = 0,166 = 0,1\overline{6}$ $\frac{1}{9} = 0,111 = 0,\overline{1}$
$\frac{2}{3} = 0,666 = 0,\overline{6}$ $\frac{5}{6} = 0,833 = 0,8\overline{3}$ $\frac{4}{9} = 0,444 = 0,\overline{4}$

DEZIMALBRÜCHE ADDIEREN UND SUBTRAHIEREN

1. a) 54,86
  + 6,25
  ‾‾‾‾‾
  61,11

b) 47,24
  − 13,68
  ‾‾‾‾‾
  33,56

c) 112,72
  + 39,77
  ‾‾‾‾‾
  152,49

d) 561,15
  − 387,20
  ‾‾‾‾‾
  173,95

2. a) 27,940
  + 4,872
  ‾‾‾‾‾
  32,812

b) 82,400
  − 17,613
  ‾‾‾‾‾
  65,787

c) 46,304
  + 13,040
  ‾‾‾‾‾
  59,344

d) 70,000
  − 12,803
  ‾‾‾‾‾
  57,197

3. a) 82,15
  + 34,88
  ‾‾‾‾‾
  117,03

b) 347,18
  + 225,92
  ‾‾‾‾‾
  573,10

  82,15
  − 34,88
  ‾‾‾‾‾
  47,27

  347,18
  − 225,92
  ‾‾‾‾‾
  121,26

c) 400,08
  + 106,03
  ‾‾‾‾‾
  506,11

  400,08
  − 106,03
  ‾‾‾‾‾
  294,05

d) 75,66
  + 26,77
  ‾‾‾‾‾
  102,43

  75,66
  − 26,77
  ‾‾‾‾‾
  48,89

4. Zwischen Berlin – Amsterdam und Bremen – Augsburg:
  570
  − 544
  ‾‾‾‾
  26

Zwischen Dortmund – Florenz und Berlin – Amsterdam:
  908
  − 570
  ‾‾‾‾
  338

Zwischen Dortmund – Florenz und Bremen – Augsburg:
  908
  − 544
  ‾‾‾‾
  364

5. a) 0,95 + 22,3 = 23,25
c) 37,3 + 5,48 = 42,78
e) 84,6 − 3,05 = 81,55

b) 1,4 + 0,14 + 14 = 15,54
d) 52,63 − 0,22 = 52,41
f) 12,91 − 5,8 = 7,11

6. a) $\frac{1}{2}$ + 3,75 · 4 $\frac{3}{4}$ = 0,5 + 15   0,75 = 14,75
c) $\frac{2}{5}$ · 10 $3\frac{1}{4}$ + 4,28 = 4   3,25 + 4,28 = 5,03
d) $2\frac{1}{2}$: $\frac{4}{5}$ + 2,21   4 = $\frac{5}{2}$ + 8,84 = 3,125 + 8,84 = 11,965

b) $\frac{5}{8}$ − 0,2 + $4\frac{1}{2}$ · 6 = 0,625 − 0,2 + 27 = 27,425

7. a) 26,45 + (13,04 − 8,3) =
  13,04
  − 8,30
  ‾‾‾‾
  4,74

  26,45
  + 4,74
  ‾‾‾‾
  31,19

c) 87,44 − (5,07 + 12,801) =
  5,070
  + 12,801
  ‾‾‾‾‾
  17,871

  87,440
  − 17,871
  ‾‾‾‾‾
  69,569

b) (47,8 + 3,004) − 17,69 =
  47,800
  + 3,004
  ‾‾‾‾‾
  50,804

  50,804
  − 17,690
  ‾‾‾‾‾
  33,114

d) 32,81 + (6,04 − 3,7) =
  6,04
  − 3,70
  ‾‾‾‾
  2,34

  32,81
  + 2,34
  ‾‾‾‾
  35,15

DEZIMALBRÜCHE RUNDEN

1. *Sinnvoll:* Preis eines Buches – Höhe eines Zimmers – Zulässiges Gesicht zum Befahren einer Brücke – Gewicht eines Goldkettchens – 100-Meter-Lauf.

Nicht sinnvoll: Höhe eines Berges – Zulässige Höchstgeschwindigkeit – Strecke München/Nürnberg – geplanter Farbverbrauch beim Streichen eines Zimmers.

2. a) 2,048 m = 205 cm
  1,299 m = 130 cm
  9,416 m = 942 cm

b) 7,6034 kg = 7603 g
  5,2446 kg = 5245 g
  2,2825 kg = 2283 g

c) 2,0041 ℓ = 2004 mℓ
  8,7035 ℓ = 8704 mℓ
  3,0904 ℓ = 3090 mℓ

3. a) 834,691:   Zehner: 830   Einer: 835   Zehntel: 834,7   Hundertstel: 834,69
b) 475,388:   Zehner: 480   Einer: 475   Zehntel: 475,4   Hundertstel: 475,39
c) 379,555:   Zehner: 380   Einer: 380   Zehntel: 379,6   Hundertstel: 379,56
d) 754,905:   Zehner: 750   Einer: 755   Zehntel: 754,9   Hundertstel: 754,91

4. a) Antwort: 443,833 kann stimmen, weil 340 + 100 + 5 = 445.
b) Antwort: 1 322,9588 kann stimmen, weil 70 · 20 = 1 400.
c) Antwort: 412,47 kann stimmen, weil 650 − 200 − 30 = 420.
d) Antwort: 18,6 kann stimmen, weil 1 200 : 60 = 20.

5. Hier gibt es viele Möglichkeiten. Wenn möglich, sollen die Maße von Länge und Breite des Zimmers notiert werden und dann die Rechnung zum Runden wie in Aufgabe 4 b) angegeben werden.

Lösungen – Brüche und Dezimalbrüche

Dezimalbrüche multiplizieren und dividieren

1. a) 46,28 · 5,4
23140
18512
249,912

b) 126,49 · 8,6
101192
75894
1087,814

c) 203,1 · 2,8
4062
16248
568,68

d) 24,17 · 10,27
2417
0000
4834
16919
248,2259

2. a) 937,272   b) 10,08   c) 449,1682   d) 281,048   e) 171,23424

3. a) 243,75 : 19,5 =
2437,5 : 19,5 = 12,5
195
487
390
975
975

b) 51,66 : 6,15 =
5166 : 615 = 8,4
4920
2460
2460

c) 5687,63 : 65,3 =
56876,3 : 653 = 87,1
5224
4636
4571
653
653

d) 1482,8 : 8,8 =
14828 : 88 = 168,5
88
602
528
748
704
440
440

4. a) Antwort: 148,05, weil 25 · 6 = 150.
b) Antwort: 867,18, weil 45 · 20 = 900.
c) Antwort: 38,4, weil 2000 : 40 = 50.
d) Antwort: 5958,3, weil 12000 : 2 = 6000.

5. a) 4,35 · 28
870
34 80
121,80

b) Gesamtzahl der Schüler: 23 + 25 + 24 = 72
Verbrauch pro Tag:
4,35 · 72
304 5
8 70
313,20

Verbrauch an fünf Tagen:
313,20 · 5
1566,0

6. 12528,6 m : 2,198 m
12528600 : 2198 = 5700
10990
15386
15386

7. Berichtigung:
7159,2 : 942 = 7,6
6594
5652
5652

Brüche und Dezimalbrüche

1. a) $\frac{214}{100}$ b) $\frac{8}{10}$ c) $\frac{4003}{1000}$ d) $\frac{277}{10}$ e) $\frac{304}{100}$

2. a) 0,4   b) 0,13   c) 2,7   d) 4,047   e) 7,024

3. a) $3\frac{1}{4} + 0,25 = 3,25 + 0,25 = 3,5$
b) $\frac{7}{8} + 0,3 = 0,875 + 0,3 = \underline{1,175}$
c) $0,75 + \frac{2}{5} + \frac{1}{10} = 0,75 + 0,4 + 0,1 = \underline{1,25}$
d) $4,75 - 1\frac{1}{2} = 4,75 - 1,5 = \underline{3,25}$
e) $\frac{4}{25} - 0,01 = 0,16 - 0,01 = \underline{0,15}$
f) $2\frac{3}{4} - 0,85 + \frac{3}{8} = 2,75 - 0,85 + 0,375 = \underline{2,275}$

4. a) $\frac{1}{3} = 0,333 = 0,\overline{3}$ b) $\frac{14}{8} = 0,166 = 0,1\overline{6}$ c) $\frac{1}{9} = 0,111 = 0,\overline{1}$
d) $\frac{2}{3} = 0,666 = 0,\overline{6}$ e) $\frac{5}{6} = 0,833 = 0,8\overline{3}$ f) $\frac{4}{9} = 0,444 = 0,\overline{4}$

5. a) kg: $\frac{1}{2}$ kg 48 g = 0,548 kg
b) m: 5 m 8 cm = 5,08 m
c) ℓ: 3 l 464 mℓ = 3,464 ℓ
d) €: 34 € 27 ct = 34,27 €
e) km: 8 km 439 m = 8,439 km
f) m²: 6 m² 4 dm² = 6,04 m²

64 kg 803 g = 64,803 kg
12 m 8 dm 4 cm = 12,84 m
$\frac{2}{10}$ hℓ 20 mℓ = 20,02 ℓ
4 € 3 ct = 4,03 €
$\frac{1}{4}$ km 90 m = 0,34 km
7 m² 85 cm² = 7,0085 m²
5 m³ 20 dm³ = 5,00002 m³

6. a) $\frac{1}{5} \triangleq 24$ €; $\frac{2}{5} \triangleq 48$ €
Preis: 120 € + 48 € = 168 €

b) 48 € · 8 = 384 €

7. a) 869,2 m² : 26,5 m = $\underline{32,8 \text{ m}}$

b) 32,8 m · $\frac{1}{8}$ = $\underline{4,1 \text{ m}}$

ANTEILE MIT BRÜCHEN BESCHREIBEN

1.

	Kontostand	Spende	Bruchteil	Gemeinsamer Nenner	relativ
F. Bauer	1600 €	400 €	$\frac{1}{4}$	$\frac{1}{4} = \frac{5}{20}$	$\frac{1}{10}$
F. Brückner	2400 €	480 €	$\frac{1}{5}$	$\frac{1}{5} = \frac{4}{20}$	$\frac{1}{5}$
F. Miller	1000 €	300 €	$\frac{3}{10}$	$\frac{3}{10} = \frac{6}{20}$	$\frac{1}{3}$

2.

	Taschengeld	Spende	Bruchteil	absolut	Bruchteil
Anna	30 €	3 €	$\frac{1}{10}$	3 €	$\frac{1}{10}$
Paul	35 €	7 €	$\frac{1}{5}$	7 €	$\frac{1}{5}$
Jonas	24 €	8 €	$\frac{1}{3}$	8 €	$\frac{1}{3}$

3. a) $\frac{7}{21} = \frac{1}{3}$ b) $\frac{7}{42} = \frac{1}{6}$ c) $\frac{7}{70} = \frac{1}{10}$
d) $\frac{60}{50} = \frac{2}{5}$ e) $\frac{32}{40} = \frac{4}{5}$ f) $\frac{72}{120} = \frac{3}{5}$
g) $\frac{92}{540} = \frac{3}{10}$ h) $\frac{980}{1400} = \frac{7}{10}$ i) $\frac{261}{348} = \frac{3}{4}$

4. a) $\frac{3}{4} = 150$ €
$\frac{1}{4} = 150 : 3 = 50$ €
$\frac{4}{4} = 50 \cdot 4 = 200$ €

b) $\frac{5}{7} = 60\ \ell$
$\frac{1}{7} = 60\ \ell : 5 = 12\ \ell$
$\frac{7}{7} = 12\ \ell \cdot 7 = 84\ \ell$

5. a) $\frac{9}{27} = \frac{1}{3}$ b) $\frac{18}{27} = \frac{2}{3}$ c) $\frac{1}{4}$

6. a) ≥ 1   b) $\frac{3}{4}$

d) 20 Schüler
→ 5 Schüler ≙ $\frac{1}{4}$
20 Schüler ≙ $\frac{4}{4}$

BRÜCHE UND DEZIMALBRÜCHE – NEUE AUFGABENFORMEN

1. a) $\frac{7}{11} = 0,\overline{63}$ (Richtig)   b) $\frac{7}{8} > 0,8$ (Richtig)   c) $\frac{14}{20} < 0,75$ (Richtig)
d) $3,6 < 3\frac{2}{3} = 3,\overline{6}$ (Falsch)   e) $1\frac{1}{8} = \frac{27}{24}$ (Richtig)   f) $2,005 = 2\frac{1}{200}$ (Richtig)

2. Von einem Stab stecken $\frac{2}{5}$ seiner Länge im Boden. Das sind 36 cm.
a) Welcher Bruchteil ragt aus dem Boden? ($\frac{3}{5}$)
b) Wie lang ist dieser Bruchteil?
(36 cm ≙ $\frac{2}{5}$
18 cm ≙ $\frac{1}{5}$
54 cm ≙ $\frac{3}{5}$)
c) Wie lang ist der Stab insgesamt? ($\frac{5}{5}$ ≙ 90 cm)

3. a) Fragen:
I) Wie viele Schüler haben Kunsterziehung gewählt?
$\frac{3}{4} = 18$ Schüler
II) Wie viele Schüler sind in der Klasse?
$\frac{1}{4} = 6$ Schüler
$\frac{4}{4} = 24$ Schüler

b) Fragen:
I) Wie viele Schüler kommen aus Borgau?
$\frac{1}{4} + \frac{1}{7} = \frac{7}{28} + \frac{4}{28} = \frac{11}{28}$
17 Schüler: $\frac{17}{28}$
II) Wie viele Schüler kommen aus Turheim?
$\frac{1}{7}$ ≙ 4 Schüler
III) Wie viele Schüler hat die Klasse insgesamt?
28 Schüler (17 + 7 + 4)

4. a) $\frac{3}{4} \cdot 2,5 : \frac{1}{8}$ = Multipliziere $\frac{3}{4}$ mit der Zahl 2,5; dividiere anschließend durch die Zahl $\frac{1}{8}$. (Lsg.: 15)
b) $2\frac{2}{3} + 2,25 - 1\frac{1}{8}$ = Subtrahiere $1\frac{1}{8}$ von der Summe der Zahlen $2\frac{2}{3}$ und 2,25. (Lsg.: $3,791\overline{6}$)

5. $54 : 9,6 =$
$540 : 96 = 5,625$ $5,625 \cdot 100 = 562,5$
$\underline{480}$
600
$\underline{576}$
240
$\underline{192}$
480
$\underline{480}$

Mit einer Tankfüllung kann man 562,5 km weit fahren.

BRUCH – DEZIMALBRUCH – PROZENTSATZ

1.

	a)	b)	c)	d)	e)	f)	g)	h)
Bruch	$\frac{1}{2}$	$\frac{1}{4}$	$\frac{1}{5}$	$\frac{1}{10}$	$\frac{3}{4}$	$\frac{2}{5}$	$\frac{3}{5}$	$\frac{4}{5}$
Hundertstelbruch	$\frac{50}{100}$	$\frac{25}{100}$	$\frac{20}{100}$	$\frac{10}{100}$	$\frac{75}{100}$	$\frac{40}{100}$	$\frac{60}{100}$	$\frac{80}{100}$
Dezimalbruch	0,5	0,25	0,2	0,10	0,75	0,4	0,6	0,8
Prozentsatz	50 %	25 %	20 %	10 %	75 %	40 %	60 %	80 %

2.

$\frac{1}{100}$	$\frac{1}{25}$	$\frac{1}{20}$	$\frac{1}{10}$	$\frac{1}{8}$	$\frac{1}{6}$	$\frac{1}{5}$	$\frac{1}{4}$	$\frac{1}{3}$	$\frac{1}{2}$	$\frac{2}{3}$	$\frac{3}{4}$
1 %	4 %	5 %	10 %	12,5 %	$16\frac{2}{3}$ %	20 %	25 %	$33\frac{1}{3}$ %	50 %	$66\frac{2}{3}$ %	75 %

3. a) $0{,}14 = \frac{14}{100} = 14\ \%$ b) $0{,}29 = \frac{29}{100} = 29\ \%$ c) $0{,}07 = \frac{7}{100} = 7\ \%$
  d) $1{,}45 = \frac{145}{100} = 145\ \%$ e) $2{,}05 = \frac{205}{100} = 205\ \%$ d) $5{,}8 = \frac{580}{100} = 580\ \%$

4. a) $47\ \% = \frac{47}{100} = 0{,}47$ b) $20\ \% = \frac{20}{100} = 0{,}2$ c) $81\ \% = \frac{81}{100} = 0{,}81$
  d) $130\ \% = \frac{130}{100} = 1{,}3$ e) $202\ \% = \frac{202}{100} = 2{,}02$ d) $400\ \% = \frac{400}{100} = 4$

5. a) 15 € von 44 € = $\frac{15}{44}$ = 15 : 44 = 0,340909 ≈ 34,1 %
  b) 24 ℓ von 146 ℓ = $\frac{24}{146}$ = 24 : 146 = 0,1643835 ≈ 16,4 %
  c) 580 g von 625 g = $\frac{580}{625}$ = 580 : 625 = 0,928 = 92,8 %
  d) 837 m von 950 m = $\frac{837}{950}$ = 837 : 950 = 0,8810526 ≈ 88,1 %

6. a) 50 % von 1470 € = 1470 € : 2 = 735 €
  b) 25 % von 865 t = 865 t : 4 = 216,25 t
  c) 20 % von 38 kg = 38 kg : 5 = 7,6 kg
  d) 75 % von 640 m = 640 m : 4 · 3 = 480 m

BRUCH UND PROZENT

1. a) 30 % b) 58 % c) 45 % d) 15 %; 5 %, 10 %

2. a) 12 %; 27 %; 58 %; 99 % b) 50 %; 25 %; 20 %; 75 %; 24 %; 250 %

3. a) $\frac{40}{100} = \frac{2}{5}$; $\frac{25}{100} = \frac{1}{4}$; $\frac{80}{100} = \frac{4}{5}$; $\frac{75}{100} = \frac{3}{4}$
  b) $\frac{13}{100}$, $\frac{44}{100} = \frac{11}{25}$; $\frac{85}{100} = \frac{17}{20}$; $\frac{90}{100} = \frac{9}{10}$

4. a) $\frac{6}{24} = \frac{1}{4} = \frac{25}{100} = \underline{25\ \%}$ b) $\frac{9}{18} = \frac{1}{2} = \frac{50}{100} = \underline{50\ \%}$
  c) $\frac{750}{1000} = \frac{75}{100} = \underline{75\ \%}$ d) $\frac{44}{110} = \frac{4}{10} = \frac{40}{100} = \underline{40\ \%}$
  e) $\frac{72}{80} = \frac{9}{10} = \frac{90}{100} = \underline{90\ \%}$ f) $\frac{45}{225} = \frac{1}{5} = \frac{20}{100} = \underline{20\ \%}$
  g) $\frac{400}{1000} = \frac{40}{100} = \underline{40\ \%}$ h) $\frac{100}{1000} = \frac{10}{100} = \underline{10\ \%}$
  i) $\frac{12}{24} = \frac{1}{2} = \frac{50}{100} = \underline{50\ \%}$

5.

Klasse	Stärke	Sieger Anzahl	Urkunden Anteil	Hundertstel	Prozent
7a	24	6	$\frac{6}{24} = \frac{1}{4}$	$\frac{25}{100}$	25 %
7b	28	14	$\frac{14}{28} = \frac{1}{2}$	$\frac{50}{100}$	50 %
7c	30	9	$\frac{9}{30} = \frac{3}{10}$	$\frac{30}{100}$	30 %
M7	20	7	$\frac{7}{20}$	$\frac{35}{100}$	35 %

6. a) Ja. 14 Urkunden $\hat{=}$ 50 %
  b) Ja. 14 – 9 – 7 – 6
  c) Nein. 7b (50 %) – M7 (35 %) – 7c (30 %) – 7a (25 %)

Lösungen – Prozent

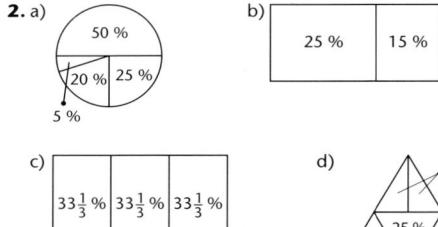

PROZENTWERT – GRUNDWERT – PROZENTSATZ

1. a) Prozentsatz: 20 %   b) Prozentwert: 24 Stück   c) Grundwert: 70 Pullover

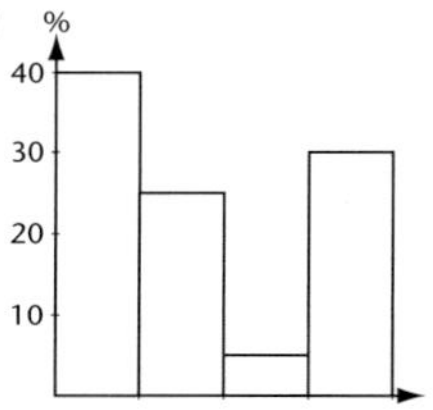

2.

Grundwert	840 €	720 m	287,5 ℓ	4800 kg	42 km
Prozentsatz	6,5 %	34 %	10 %	12,8 %	5 %
Prozentwert	54,6 €	244,8 m	28,75 ℓ	614,4 kg	2,1 km

4. a) 50,4 €   b) 890 €   c) 4 %   d) 10 Mädchen   e) 74 %   f) 15 %

5. Anzahlung Einrichtung: 887,50 € − 250 € = 637,50 €
Preis Einrichtung: 637,50 € ≙ 15 %
42,50 € ≙ 1 %
4250,00 € ≙ 100 %

6. ☐ Der Prozentwert ist immer kleiner als der Grundwert.
☐ Wenn sich der Prozentsatz verdoppelt, verdoppelt sich auch der Grundwert.
☒ Wenn sich der Prozentsatz verdoppelt, verdoppelt sich auch der Prozentwert.
☐ Hier wird der Prozentwert berechnet: 980 € : 13 · 100
☒ Hier wird der Prozentwert berechnet: 107,1 € : 17 · 100
☒ Hier wird der Grundwert berechnet: 182 € : 0,35 = 520 €
☐ Hier wird der Grundwert berechnet: 182 € · 0,35 = 63,7 €

PROZENTSÄTZE DARSTELLEN

2. a) Kreisdiagramm: 50 %, 25 %, 20 %, 5 %

b)

25 %	15 %	32 %	28 %

c) $33\frac{1}{3}$ % | $33\frac{1}{3}$ % | $33\frac{1}{3}$ %

d) Dreieck: 25 %, 25 %, 25 %, 12,5 %

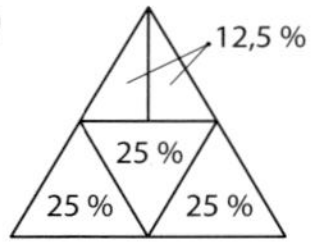

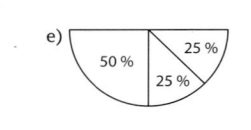

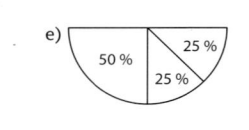

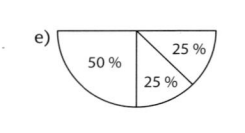

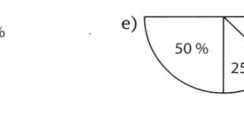

e) Halbkreis: 50 %, 25 %, 25 %

3. a) Säulendiagramm   b) Balkendiagramm

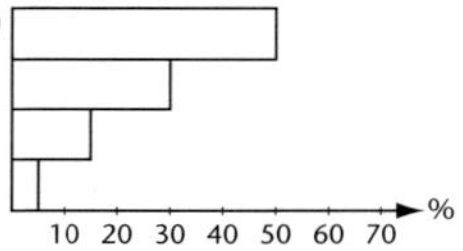

4. 1B; 2A

5. a) 180°; b) 220°; c) 270°; d) 240°; e) 45°; f) 60°

Preiserhöhung und Preissenkung

2.

Alter Preis	230	7,40	400	780	306	525	290
Erhöhung	20 %	10 %	14 %	5 %	42 %	80 %	4,5 %
Erhöhung	46	0,74	56	39	128,52	420	13,05
Neuer Preis	276	8,14	456	819	434,52	945	303,05

3.

Alter Preis	230	7,40	400	780	306	525	290
Minderung	20 %	10 %	14 %	5 %	42 %	80 %	4,5 %
Minderung	46	0,74	56	39	128,52	420	13,05
Neuer Preis	184	6,66	344	741	177,48	105	276,95

4. a) 4800 ℓ = 100 %
   48 ℓ =   1 %
   288 ℓ =   6 %
→ 4800 ℓ − 288 ℓ = 4 512 ℓ
Die Anlage verbraucht in diesem Jahr 4 512 Liter.

b) 1 kg Beeren = 2,80 € → 2,80 € = 100 %
   0,028 € =   1 %
   0,28 € = 10 %
→ 2,80 € + 0,28 € = 3,08 €
1 kg Erdbeeren kosten jetzt 3,08 €.

c) 200 m² = 100 %
   2 m² =   1 %
   216 m² = 108 %
→ Der Spielplatz ist nach der Änderung 216 m² groß.

d) 1600 g = 100 %
   16 g =   1 %
   368 g = 23 %
→ 1600 g − 368 g = 1232 g → 1,232 kg
Der Rinderbraten wiegt jetzt noch 1,232 kg.

e) 120 Zentner = 6000 kg → 6000 kg = 100 %
   60 kg =   1 %
   480 kg =   8 %
Die Kartoffeln verlieren 480 kg Gewicht.

f) 1390,00 € = 100 %
   13,90 € =   1 %
   1181,50 € = 85 %
→ Die Waschmaschine kostet jetzt noch 1181,50 €.

5. a) 18096 St. = 87 %
   208 St. =   1 %
   20800 St. = 100 %
→ Beim letzten Mal erhielt er 20800 Stimmen.

b) 378,00 € = 108 %
   3,50 € =   1 %
   350,00 € = 100 %
→ Die Gitarre kostete ursprünglich 350 €.

c) 128,00 € = 100 %
   1,28 € =   1 %
   96,00 € = 75 %
→ Das Kleid ist jetzt um 25 % billiger.

d) 357 M. = 105 %
   3,4 M. =   1 %
   340 M. = 100 %
→ Im letzten Jahr hatte der Verein 340 Mitglieder.

Brutto – Netto – Tara

2.

Brutto	52 kg	260 kg	525 kg	79 kg	480 g	0,860 kg	640 g
Tara	20 %	12 %	40 %	28 %	4 %	92 %	13 %
Tara	10,4 kg	31,2 kg	210 kg	22,12 kg	19,2 g	791,2 g	83,85 g
Netto	41,6 kg	228,8 kg	315 kg	56,88 kg	460,8 g	68,8 g	561,15 g

3. a) Tara: 240 g − 205 g = 35 g
Die Tara beträgt 35 g.

b) 14,580 kg − 3,43 kg = 11,15 kg
Die Birnen wiegen 11,15 kg.

c) 4,95 t + 3,05 t = 8 t
Die Waage zeigt 8 t an.

d) 72,4 kg = 100 %
   0,724 kg =   1 %
   8,688 kg = 12 %
Die Tara beträgt 8 688 g.

e) 16,2 kg − 2,73 kg = 13,47 kg
Das Nettogewicht beträgt 13,47 kg.

f) 2080 g − 210 g = 1870 g
Die Bücher wiegen 1,87 kg.

4. a) Gesamtgewicht: 20 · 6,5 kg = 130 kg
Tara: 130 kg = 100 %
   1,3 kg =   1 %
   10,4 kg =   8 %
→ Der Koch kann das Weinregal füllen.

b) 45 kg = 24 %
   1,875 kg =   1 %
   187,5 kg = 100 %
→ Gewicht von sieben Fässern: 187,5 kg · 7 = 1 312,5 kg
→ 1 312,5 kg − 1 000 kg = 312,5 kg → 130 kg − 10,4 kg = 119,6 kg
→ Der Lieferwagen kann die Fässer nicht aufnehmen.

c) Bruttogehalt: 449,40 € = 21 %   Nettogehalt: 2140 € − 449,40 € = 1 690,60 €
   21,40 € =   1 %
   2140 € = 100 %

d) Gesamtgewicht: 15 · 57 kg + 390 kg = 855 kg + 390 kg = 1 245 kg
→ Die Bauteile muss man auf zwei Lieferwagen verteilen.
→ Ob es günstiger ist, mit zwei Lieferwagen zu fahren oder mit dem 7,5-Tonner, auf den die alle Bauteile geladen werden können, hängt von der Länge der Strecke ab. Hier sind die Benzinkosten zu berücksichtigen.

RABATT – SKONTO – MEHRWERTSTEUER

2.

Verkaufspreis	860 €	350 €	578 €	984 €	248 €	499 €
Rabatt/Skonto	2 %	15 %	3 %	20 %	25 %	2 %
Rabatt/Skonto	17,20 €	52,5 €	17,34 €	196,80 €	62 €	9,98 €
Endpreis	842,80 €	297,5 €	560,66 €	787,20 €	186 €	489,02 €

3.

Verkaufspreis	180 €	2344 €	69 €	345 €
Mehrwertsteuer	7 %	19 %	7 %	19 %
Mehrwertsteuer	12,60 €	445,36 €	4,83 €	65,55 €
Erhöhter Prozentsatz	107 %	119 %	107 %	119 %
Zu zahlender Betrag	192,60 €	2789,36 €	73,83 €	410,55 €

4. a) 590 € = 100 %
5,90 € = 1 %
11,80 € = 2 %
17,70 € = 3 %

→ Bei Zahlung innerhalb von 8 Tagen könnte sie 17,70 € von der Rechnung abziehen (572,30 €),
bei Zahlung innerhalb von 30 Tagen könnte sie 11,80 € abziehen (578,20 €).

b) Preis für die Fahrzeuge: 18400 € · 6 + 29800 € · 4 = 110400 € + 119200 € = 229600 €
Rabatt: 229 600 € = 100 %
2 296 € = 1 %
195 160 € = 85 %   → Die Firma zahlt 195 160 €.

5. a) Preis für das Motoröl incl. MwSt.: 824,67 € − 767,55 € = 57,12 €
Motoröl ohne MwSt.: 57,12 € = 119 %
0,48 € = 1 %
48,00 € = 100 %

→ Das Motoröl kostete ohne Mehrwertsteuer 48 €.

b) Preis ohne Mehrwertsteuer: 828,24 € = 119 %
6,96 € = 1 %
696,00 € = 100 %

Preis vor Abzug des Rabatts: 696,00 € = 80 %
8,70 € = 1 %
870,00 € = 100 %

→ Das Mountainbike kostete ohne Rabatt und Mehrwertsteuer 870 €.

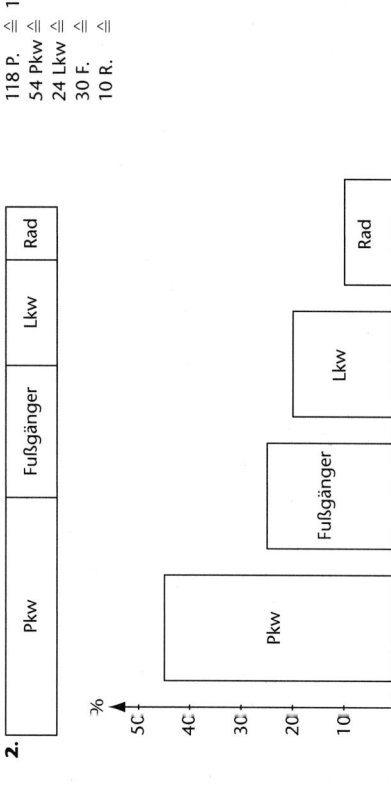

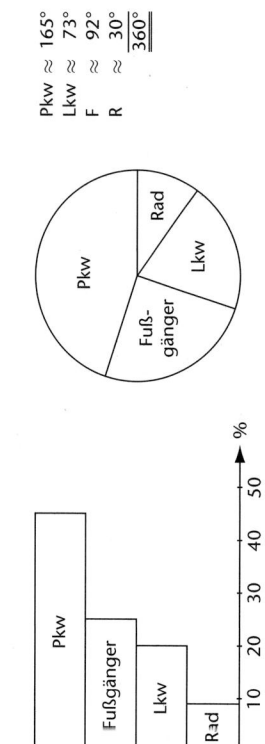

PROZENTSCHAUBILDER

118 P. ≙ 100 %
54 Pkw ≙ 46 %
24 Lkw ≙ 20 %
30 F. ≙ 25 %
10 R. ≙ 9 %

2.

Pkw ≈ 165°
Lkw ≈ 73°
F ≈ 92°
R ≈ 30°
360°

3. Die Graphik zeigt, wie viele Schulabgänger eines Jahrgangs in den einzelnen Bundesländern die Schule ohne Hauptschulabschluss verlassen (Stand 2008). An der Spitze steht Mecklenburg-Vorpommern mit 17,9 %. Der Durchschnitt in Deutschland liegt bei 7,5 %. Den niedrigsten Wert hat Baden-Württemberg mit 5,6 %.
Von den Schülern, die keinen Abschluss aufweisen, sind 38,6 % Mädchen und 61,4 % Jungen; 78,8 % Deutsche und 20 % Ausländer. (zu vollen 100 % fehlen in dieser Darstellung allerdings noch 0,2 %).

PROZENT – NEUE AUFGABENFORMEN

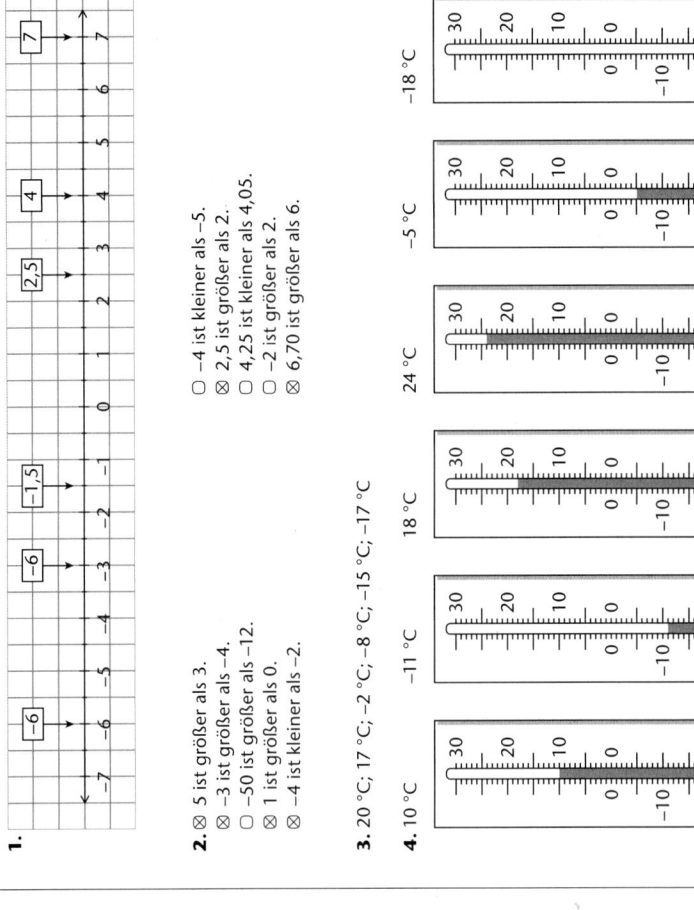

1. a), c), e) und h) sind richtig; b), d), f), g) und i) sind falsch.
So stimmen die Gleichungen: b) 400 ℓ von 1200 ℓ = $33\frac{1}{3}$ %; d) 9 kg von 90 kg = 10 %; f) 100 m von 1 km = 10 %; g) $\frac{1}{8}$ = 0,125; i) $\frac{4}{5}$ = 80 %

2. ⊗ 28 600 € = 100 %
    286 € = 1 %
    858 € = 3 %

→ 28 600 € + 858 € =

⊗ 28 600 € : 100 · 103 =   ☐ 28 600 : 103 · 100 =   ⊗ 28 600 · 1,03 =

3. Wenn man beim Schuhkauf mathematische Begriffe anwenden wollte, wäre die Schachtel mitsamt den Schuhen „Brutto", die Schuhe wären „Netto" und die Schachtel „Tara".

4. ⊗ Bei Rabatt/Skonto wird vom ursprünglichen Preis immer ein bestimmter Betrag vom vorherigen Preis abgezogen.
☐ Der Skonto kann den Preis auch verteuern.
☐ Der Rabatt beträgt entweder 7 % oder 19 %.
☐ Die Mehrwertsteuer verbilligt den ursprünglichen Preis.
⊗ Die Mehrwertsteuer verteuert den ursprünglichen Preis.
☐ Der Skonto beträgt üblicherweise 2 % oder 3 %.
⊗ Bei Barzahlung muss Rabatt gewährt werden.
⊗ Rabatt gibt es z. B., wenn man größere Mengen einer Ware kauft.
☐ Mehrwertsteuer muss vom Käufer immer bezahlt werden.

5. ☐ 17,85 € = 100 %   ⊗ 17,85 € = 119 %   ☐ 17,85 € = 81 %

NEGATIVE UND POSITIVE ZAHLEN

1.

2. ⊗ 5 ist größer als 3.
⊗ −3 ist größer als −4.
☐ −50 ist größer als −12.
⊗ 1 ist größer als 0.
⊗ −4 ist kleiner als −2.

☐ −4 ist kleiner als −5.
⊗ 2,5 ist größer als 2.
☐ 4,25 ist kleiner als 4,05.
☐ −2 ist größer als 2.
⊗ 6,70 ist größer als 6.

3. 20 °C; 17 °C; −2 °C; −8 °C; −15 °C; −17 °C

4. 10 °C   −11 °C   18 °C   24 °C   −5 °C   −18 °C

Lösungen – Ganze Zahlen

Ganze Zahlen addieren und subtrahieren

1. a) $3 + 7 = 10$ b) $-5 + 7 = 2$ c) $-10 - 17 = -27$
d) $32 - 18 = 14$ e) $-41 + 22 = -19$ f) $72 + 12 = 84$
g) $-57 - 23 = -80$ h) $22 - 44 = -22$ i) $-89 + 101 = 12$

2. a) 7 b) 5 c) 8 d) -54 e) -12 f) -1

3. a) $(-4) \to +4$ b) $(-9) \to -8$ c) $(13) \to +3 - 4$
d) $(-65) \to -10 - 20 - 30 \ldots$ e) $(10) \to +5 + 6 + 7 \ldots$ f) $(22) \to -7 + 6 \ldots$

4. a) $-81 + 20 = -61$ b) $42 - (-10) = 52$ c) $(-24) + (-52) = -76$
d) $-23 - (-5) = -18$ e) $74 + (-35) = 39$ f) $(-12) - (-12) = 0$

5.
$73 - 21 + 17 - 79 + 44 - 22 + 36 - 48 + 31{,}5 + 8{,}5 =$
$= (73 + 17) - (21 + 79) + (44 + 36) - (22 + 48) + (31{,}5 + 8{,}5) =$
$= 90 - 100 + 80 - 70 + 40 =$
$= 40$

Zustandsänderungen

1. a) $-11\,°C$; b) $-25\,°C$; c) $-7\,°C$; d) $-5\,°C$; e) $1\,°C$; f) $15\,°C$; g) $-6\,°C$; h) $0\,°C$

2. a) Falsch. Richtig ist: $-8\,°C$; b) Richtig; c) Richtig; d) Richtig; e) Falsch. Richtig ist: $21\,°C$; f) Falsch. Richtig ist: $-15\,°C$

3.

```
                              60
                 +75        /    \ -15
       -10  ──         ── 45
    -5 /                       \ -55
 +20                              -10
 /  -30
+40
 \
  -20
```

4. $240\,€ - 130\,€ - 470\,€ + 200\,€ + 135\,€ - 88\,€ + 1350\,€ = \underline{1\,237\,€}$
Der aktuelle Kontostand beläuft sich auf $1\,237\,€$.

5. $1\,210\,€ - 150\,€ + 590\,€ = \underline{1\,650\,€}$
Der ursprüngliche Kontostand belief sich auf $1\,650\,€$.

Ganze Zahlen – Neue Aufgabenformen

1. Am Montag vergangener Woche herrschte eine Temperatur von 14 °C. Am Dienstag fiel das Thermometer um 6 °C, am Mittwoch stieg es wieder um 5 °C.
Am Donnerstag stieg es um 3 °C, am Freitag fiel es um 7 °C, sodass die Temperatur am Abend 9 °C betrug.

2. Herr Braun hat 110 € in seinem Geldbeutel. Er gibt zunächst 100 € davon aus. Nun hebt er bei seiner Bank den doppelten Betrag davon ab. Zwei Drittel des gesamten Geldes, das sich jetzt im Geldbeutel befindet, gibt er für den Kauf einer Hose aus. Ein Freund, der sich bei ihm Geld geliehen hat, gibt ihm nun noch den geschuldeten Zehner.

110 € − 100 € + (2 · 100 €) − (210 € : 3 · 2) + 10 = 80 €

3. a) = −96 · 5 = −480　　　b) Richtig　　　c) = 28 − 3 = 25
　　d) = 16 + 16 = 32　　　e) = 9 : $-\frac{1}{3}$ = 27　　　f) Richtig

4. Kontostand letzter Woche:　　　　　　280 €
　　Überweisung　　　　　　　　　　− 480 €
　　Miete　　　　　　　　　　　　　− 340 €
　　Einzahlung　　　　　　　　　　　+ 500 €
　　Dauerauftrag　　　　　　　　　　−　90 €
　　Gehalt　　　　　　　　　　　　　+1450 €
　　Rückerstattung Versicherung　　　+ 120 €
　　Aktueller Kontostand:　　　　　　1440 €

5. a) Rechengang: −1 · 2 − 2 · 2 − 3 · 2 − 4 · 2 − 5 …
　　Der Fehler liegt bei der Zahl (−182); es müsste stattdessen die Zahl 183 sein. Die Zahl (−364) ist logisch richtig, aber innerhalb der Zahlenreihe falsch.

　　b) Rechengang: : 2 + 100 : 2 + 200 : 2 + 300 …
　　Der Fehler liegt bei (540); die Zahl müsste (550) lauten. Achtung: Die weiteren Zahlen beziehen sich jedoch auf die richtige Zahl (550)!

Ganze Zahlen multiplizieren und dividieren

1. a) 3 · (−7) = (−21)　　　b) −5 · (−5) = 25　　　c) −10 : 2 = −5
　　d) 32 : (−8) = (−4)　　　e) (−41) · (−2) = 82　　　f) 72 : 9 = 8
　　g) (−17) · (−1) = 17　　　h) 122 : (−2) = − 61　　　i) −91 : 13 = (−7)

2. a) −48　　　b) 14　　　c) −13　　　d) −72　　　e) −0,2　　　f) −250

3. a) (−10); (−20); (−40); (−80);　　　(−160) → · 2
　　b) (200); (−100); (50); (−25);　　　(12,5) → : (−2)
　　c) (−10); (−5); (20); (10); (−40);　　　(−20) → · 2 : (−4)
　　d) (−6); (6); (−18); (18); (−54);　　　(54) → · (−1) · (−3)
　　e) (−50); (200); (40); (−160); (−32);　　　(128) → · (−4) : 5
　　f) (−5); (−10); (30); (120); (−600);　　　(−3600) → · 2 · (−3) · 4 · (−5) …

4. a) −28 · 5 = −140　　　b) 153 : 17 = 9　　　c) (−6,5) · (−30) = 195
　　d) 55 : $-\frac{1}{2}$ = −110　　　e) 7,4 · (−8) = −59,2　　　f) 1,75 : 4,125 = 0,42

5. Benötige Summe: 320 € + 172 € = 492 €
　　Monatliche Sparrate: 492 € : 6 = 82 €

6.　(−15 + −29) · −5 − (56 : − 7) =
　= 　−44　 · −5 −　 − 8　　 =
　= 　　220　　　+　 8　　　 =
　= 　　228

Lösungen – Ganze Zahlen

VIERECKE

1. a) Raute b) Quadrat c) Parallelogramm d) Drachen
e) Rechteck f) Trapez g) rechteckiges Trapez h) gleichschenkliges Trapez

2. a) Raute b) Rechteck c) Quadrat d) unregelmäßiges Trapez
e) Drachen f) rechtwinkliges Trapez g) Parallelogramm h) gleichschenkliges Trapez

3.

a) Quadrat	b) Rechteck	c) Parallelogramm
d) Raute	e) Drachen	f) Trapez
g) gleichschenkliges Trapez	h) rechtwinkliges Trapez	

DREIECKE

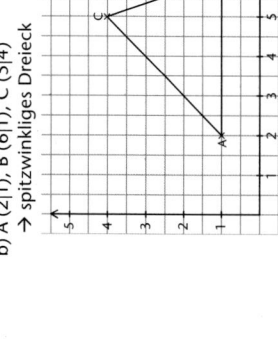

1. a) Gleichschenkliges Dreieck: Das Dreieck hat zwei gleich lange Schenkel.
b) Gleichseitiges Dreieck: Alle Seiten sind gleich lang.
c) Rechtwinkliges Dreieck: Ein rechter Winkel (90°).
d) Spitzwinkliges Dreieck: Drei spitze Winkel (jeweils weniger als 90°).
e) Stumpfwinkliges Dreieck: Ein Winkel ist größer als 90°.

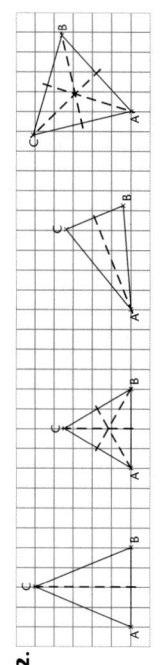

2.

3. a) A (1|1), B (6|1), C (1|5)
→ rechtwinkliges Dreieck

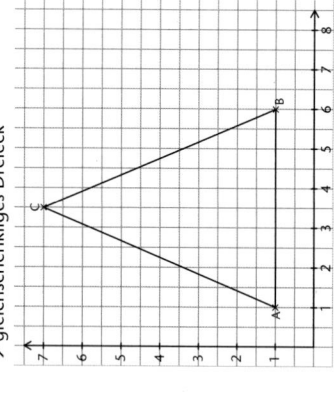

b) A (2|1), B (6|1), C (5|4)
→ spitzwinkliges Dreieck

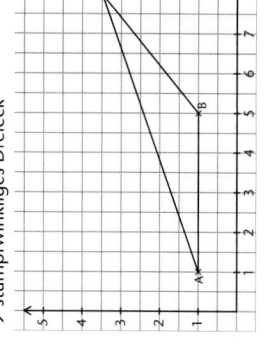

c) A (1|1), B (5|1), C (8|3,5)
→ stumpfwinkliges Dreieck

d) A (1|1), B (6|1), C (3,5|7)
→ gleichschenkliges Dreieck

e) A (1|1), B (5|1), C (3|4,5)
→ gleichseitiges Dreieck

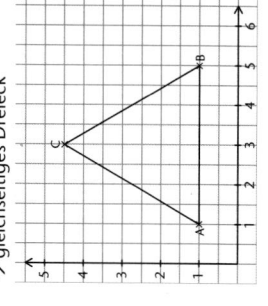

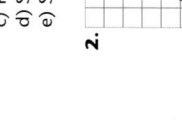

Lösungen – Geometrie 1

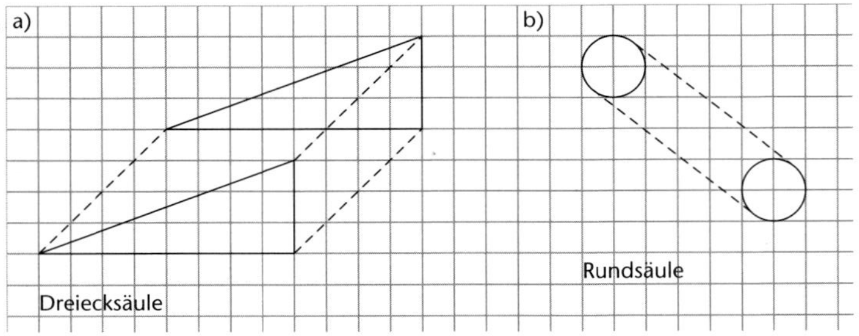

Winkelsumme bei Dreiecken und Vierecken

1.
a) 35°, 65°, 80° (58°... etc.)
b) 58°, 90°, 32°
c) 90°, 90°, 90°, 90°
d) 135°, 45°, 45°, 135°
e) 45°, 45°, 90°, 45°, 45°, 90°
f) 90°, 108°, 108°, 54°, 130°, 50°

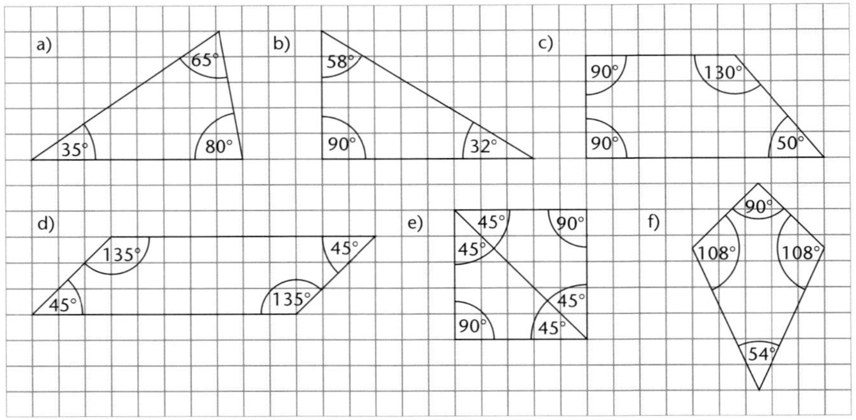

2.

Dreieck	A	B	C	D	E	F
α	60°	40°	72°	35°	40°	38°
β	60°	90°	45°	35°	115°	90°
γ	60°	50°	63°	110°	25°	52°

A: gleichseitiges Dreieck D: gleichschenkliges Dreieck
B: rechtwinkliges Dreieck E: stumpfwinkliges Dreieck
C: spitzwinkliges Dreieck F: rechtwinkliges Dreieck

3.

Vierecke	A	B	C	D	E	F
α	90°	70°	90°	81°	75°	85°
β	90°	110°	63°	75°	75°	125°
γ	90°	70°	117°	100°	105°	65°
δ	90°	110°	90°	104°	105°	85°

A: Quadrat/Rechteck D: unregelmäßiges Viereck
B: Parallelogramm/Raute E: gleichschenkliges Trapez
C: rechtwinkliges Trapez F: Drachen

4. 120°, weil der Ergänzungswinkel die fehlende Größe zu 180° darstellt.

Dreiecke und Vierecke als Körperflächen

2.
a) Quader: 3 × 2 gleich große Rechtecke
b) Würfel: 6 gleich große Quadrate
c) Rundsäule: 2 gleich große Kreise, 1 Rechteck
d) Dreiecksäule: 2 gleich große Dreiecke, 3 Rechtecke
e) Quadratsäule: 2 gleich große Quadrate, 4 gleich große Rechtecke
f) quadratische Pyramide: 1 Quadrat, 4 gleich große Dreiecke

3.
a) Drachen (keine weiteren Körperflächen)
b) Parallelogrammsäule: 2 gleich große Parallelogramme, 2 × 2 gleich große Rechtecke

4. a) Dreiecksäule b) Rundsäule

Dreiecke zeichnen (2)

1.

Geg.: c = 9 cm
α = 80°
χ = 70°

Planfigur:

Konstruktion:

Konstruktionsbeschreibung:
1. Seite c antragen (→ Punkte A und B)
2. Winkel α in A antragen
3. Winkel χ auf einem Punkt der entstehenden Seite b antragen
4. Die entstehende Seite c durch den Punkt B parallel verschieben (→ Punkt C)

2. a) spitzwinkliges Dreieck
b) rechtwinkliges Dreieck
c) stumpfwinkliges Dreieck
d) gleichschenkliges Dreieck

3. b) Seiten b) und c) bilden keinen Schnittpunkt.
d) Winkel α und β erzeugen parallele Seiten.
e) Winkel β und γ ergeben zusammen bereits 180°.

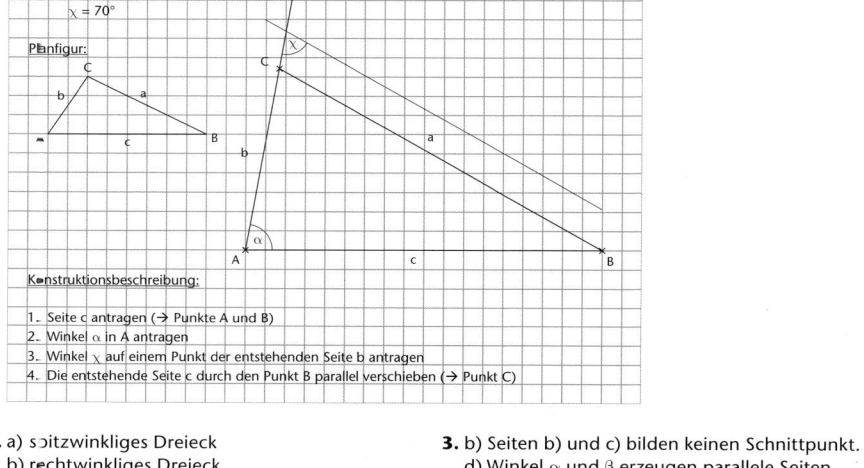

4. a) Winkelgröße γ: 83°

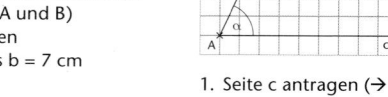

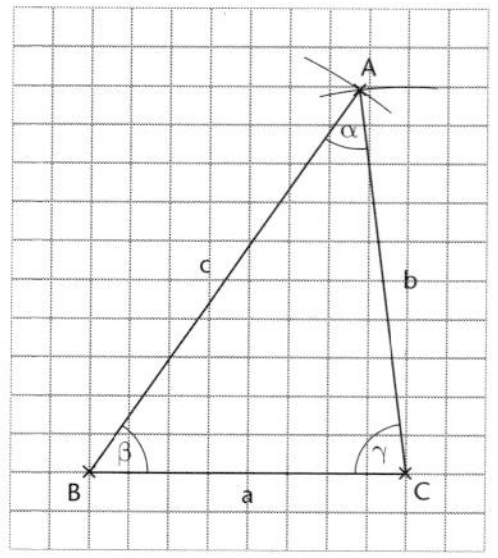

b) Winkelgröße γ: 57°

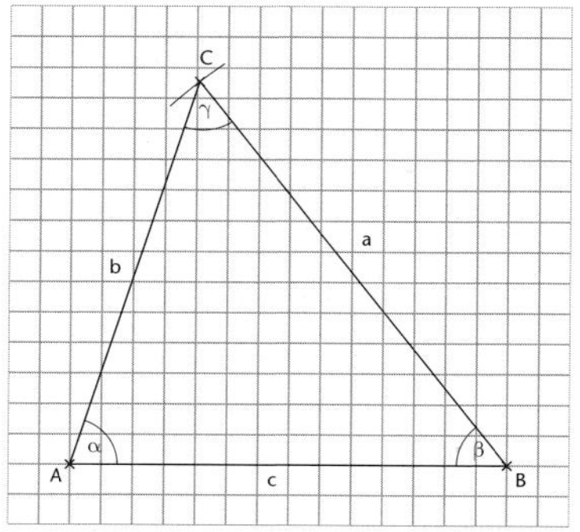

c) Winkelgröße β: 46°

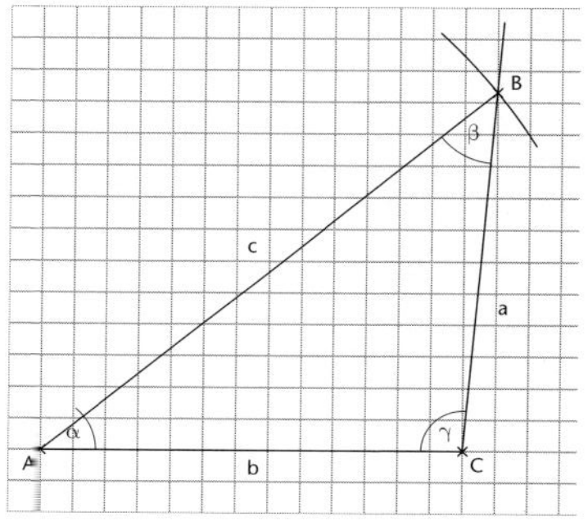

d) Winkelgröße α: 32°

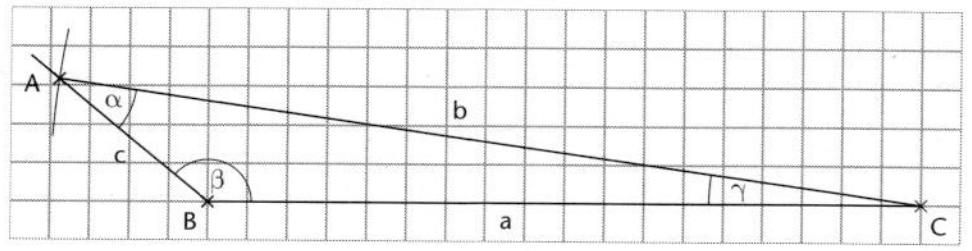

Dreiecke zeichnen (1)

1.

Geg.: c = 6 cm
b = 5 cm
a = 4 cm

Planfigur:

Konstruktion:

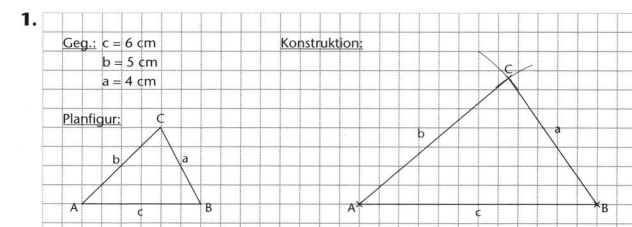

Konstruktionsbeschreibung:
1. Seite c antragen (→ Punkte A und B)
2. Kreisbogen um A mit Radius b = 5 cm
3. Kreisbogen um B mit Radius a = 4 cm (→ Punkt C)
4. Punkte verbinden

2.

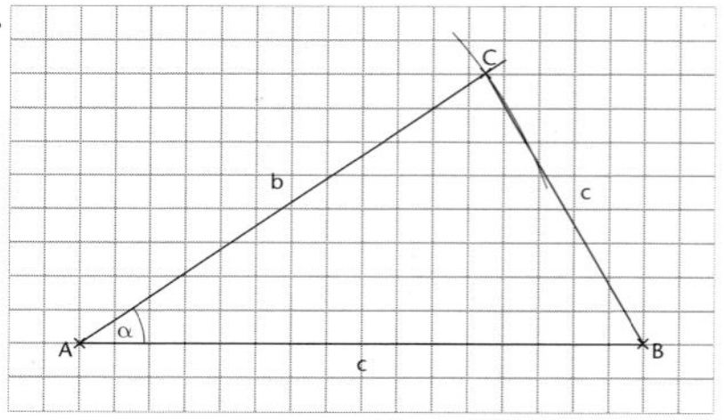

1. Seite c antragen (→ Punkte A und B)
2. Winkel α im Punkt A antragen
3. Kreisbogen um A mit Radius b = 7 cm (→ Punkt C)
4. Punkte verbinden

3.

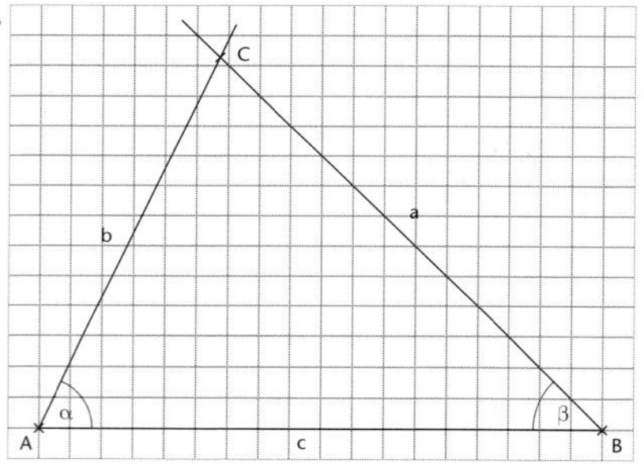

1. Seite c antragen (→ Punkte A und B)
2. Winkel α in A antragen
3. Winkel β in B antragen (→ Punkt C)

4.

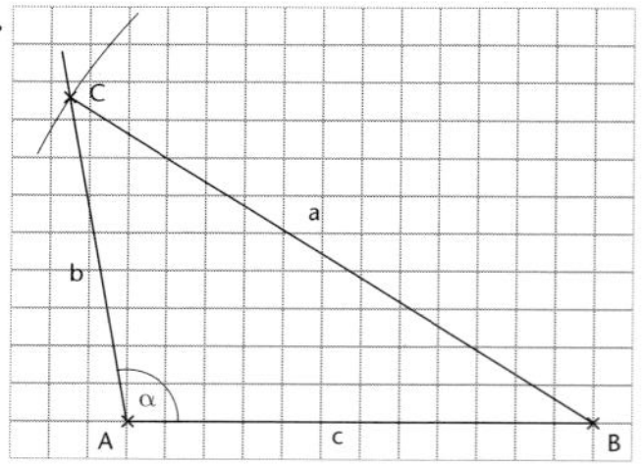

1. Seite c antragen (→ Punkte A und B)
2. Winkel α in A antragen
3. Kreisbogen um B mit Radius a = 8 cm (→ Punkt C)
4. Punkte verbinden

Lösungen – Geometrie 1

Geometrie 1 – Neue Aufgabenformen

1. A – 2 gleichschenklige Dreiecke
B – 2 stumpfwinklige Dreiecke oder 2 spitzwinklige Dreiecke
C – 2 rechteckige Dreiecke
D – 2 stumpfwinklige Dreiecke
E – 2 stumpfwinklige Dreiecke oder 1 spitzwinkliges und 1 stumpfwinkliges Dreieck
F – 2 stumpfwinklige oder 2 spitzwinklige Dreiecke

2. ⊗ Ein gleichseitiges Dreieck hat auch drei gleich große Winkel.
⊗ In einem Dreieck kann es nur einen rechten Winkel geben.
◯ In einem Viereck kann es nur einen rechten Winkel geben.
◯ Nur ein Quadrat hat vier gleich lange Seiten.
⊗ Die Oberfläche einer Rundsäule besteht aus zwei gleich großen Kreisen und einem Rechteck.
◯ Die Oberfläche einer Pyramide besteht aus vier Teilflächen.
⊗ Die Winkelsumme bei Vierecken beträgt 360°.
⊗ Bei der Konstruktion eines rechtwinkligen Dreiecks muss ein Winkel 90° aufweisen.

3.

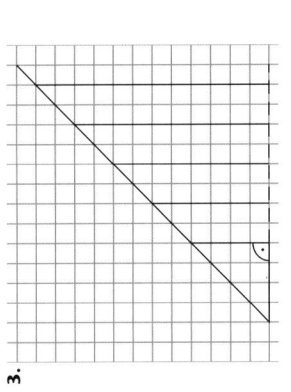

4. Der andere Schenkel wird jeweils um genauso viele Zentimeter verlängert.

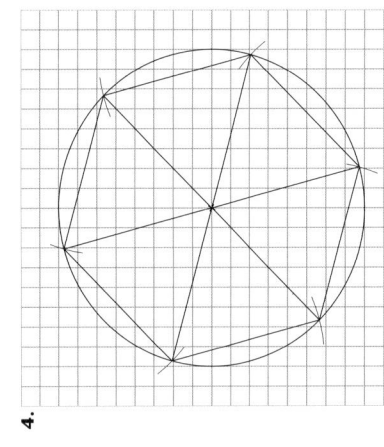

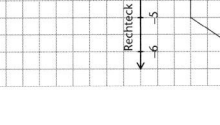

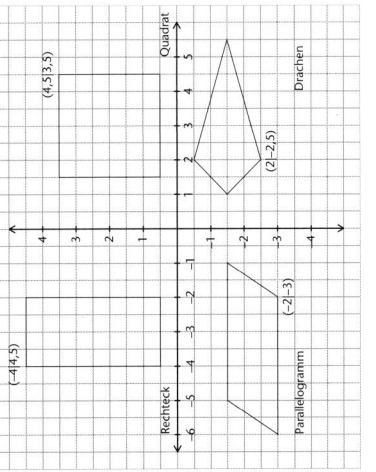

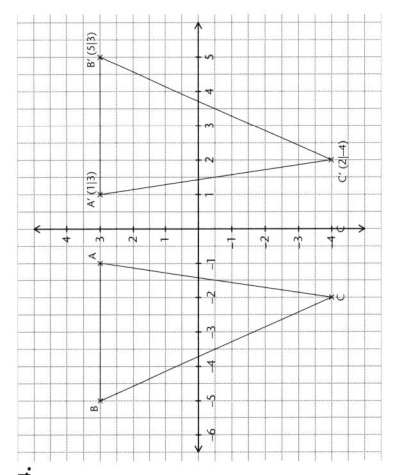

a) Es entstehen sechs gleichseitige Dreiecke.
b) Zwei aneinanderliegende Dreiecke bilden eine Raute. Drei aneinanderliegende Dreiecke bilden ein gleichschenkliges Trapez.

Das Koordinatensystem erweitern

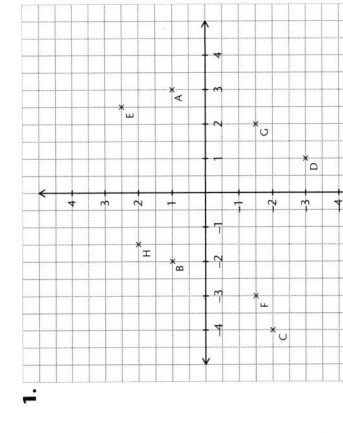

1.

2. A (−2|−7)   III   B (1,5|−5)   IV
C (3|4,5)   I   D (−5/4,5)   II
E (1|−6,5)   IV   F (−2,5|6)   II
G (−8|−0,5)   III   H (0,5/1)   I

3.

4.

RECHENREGELN

1. a) 27 · 8 + 12 =
216 + 12 =
228

b) 14 · 12 − 18 : 2 =
168 − 9 =
159

c) ½ · 8 − 0,5 : 10 =
4 − 0,05 =
3,95

2. a) 23 · 7 + (13 + 4) · 5 =
161 + 17 · 5 =
161 + 85 =
246

b) 58 · 21 : (18 − 11) + 4,5 =
1218 : 7 + 4,5 =
174 + 4,5 =
178,5

3. b) und d) sind falsch gerechnet, so lauten die Rechnungen richtig:

b) 322 : 7 · (12 − 9) − 12 =
46 · 3 − 12 =
138 − 12 =
126

d) 153 : (8,5 · 2) + 8 + 3 · 7,5 =
153 : 17 + 8 + 22,5 =
9 + 8 + 22,5 =
39,5

4. a) 200 : (5 + 20) · 5 − 40 = 0
200 : 5 + 20 · 5 − 40 = 100
200 : 5 + 20 · (5 − 40) = −660

b) 30 · 8 + 15 − 40 : 10 = 251
30 · (8 + 15) − 40 = 650
30 · 8 + (15 − 40) : 10 = 237,5

5. a) 7 + 8 · (−10) − 4 · ½ =
7 − 80 − 8 =
−81

b) 248 : 4 + 4 − 6 · 2,5 =
62 + 4 − 15 =
51

RECHENGESETZE

1. a) 43 + 29 + 17 = 43 + 17 + 29 = 60 + 29 = 89
b) 258 + 44 − 28 = 258 − 28 + 44 = 230 + 44 = 274
c) 4 · 3 · 25 = 4 · 25 · 3 = 100 · 3 = 300
d) 194 − 53 − 34 = 194 − 34 − 53 = 160 − 53 = 107
e) 18 · 7 · 5 = 18 · 5 · 7 = 90 · 7 = 630
f) 216 + 112 + 84 = 216 + 84 + 112 = 300 + 112 = 412

2. a) 3525 − 318 + 1075 + 18 = 3525 + 1075 − 318 + 18 = 4600 − 310 = 4300
b) 4 · 298 = 4 · 300 − 4 · 2 = 1200 − 8 = 1192
c) (0,77 + 0,64) + 0,23 = 0,77 + 0,23 + 0,64 = 1 + 0,64 = 1,64
d) 730 · 11 = 730 · 10 + 730 = 7300 + 730 = 8030
e) 25 · (9 · 8) = 25 · 8 · 9 = 200 · 9 = 1800
f) 747 − 199 + 250 = 747 − 200 + 1 + 250 = 547 + 1 + 250 = 798

3. a) 64800 : 400 = 648 : 4 = 162
b) 18 · 7 − 13 · 7 = 5 · 7 = 35
c) 39,1 − 15 + 25 + 3,9 = 39,1 + 3,9 − 15 + 25 = 43 + 10 = 53
d) 17 · 102 = 17 · 100 + 17 · 2 = 1700 + 34 = 1734
e) 9 · 59 = 9 · 60 − 9 = 540 − 9 = 531
f) 0,7 · 10 + 22,6 + 43 = 0,7 · 10 + 43 + 22,6 = 7 + 43 + 22,6 = 50 + 22,6 = 72,6

4. a) 43,17 − 25,65 + 0,33 + 15,15 = 43,17 + 0,33 − 25,65 + 15,15 = 43,5 − 10,5 = 33
b) 28900 : 1700 + 8 · 3,8 = 289 : 17 + 30,4 = 17 + 30,4 = 47,4
c) 23 · 6 − 12 · 6 + 8 · 1,5 + 4 · 6 = 15 · 6 + 12 = 90 + 12 = 102
d) 81 : 9 + 4 · 7,5 + 108 : 9 = 189 : 9 + 30 = 21 + 30 = 51
e) 62 · 11 − 3 · 4,5 + 5 · 4,5 = 62 · 10 + 62 + 2 · 4,5 = 620 + 62 + 9 = 691

Lösungen – Terme und Gleichungen

Terme ansetzen

1. a) 12 · 15 + 240 = 180 + 240 = 420
b) 145 + 27 − 39 = 133
c) 252 : 18 − 6 = 14 − 6 = 8
d) 67 · 7 + 2500 = 469 + 2500 = 2969
e) 80 − 37 − 15 = 28
f) 225 : 25 + 56 = 9 + 56 = 65

2. a) 7 · 22 − 91 : 7 = 154 − 13 = 141
b) (81 − 45) · (15 + 19) = 36 · 34 = 1224
c) 96 − 24 + 23 · 12 = 72 + 276 = 348
d) (72 + 33) : (70 : 14) = 105 : 5 = 21
e) (41 + 55) : (17 − 14) = 96 : 3 = 32
f) 5000 : 8 − 60 · 6 = 625 − 360 = 265

3. ☐ Addiere zum Produkt aus 78 und 3 die Differenz aus 468 und 399.
☐ Subtrahiere von der Differenz aus 468 und 399 das Produkt aus 78 und 3.
☐ Subtrahiere vom Produkt der Zahlen 78 und 3 die Differenz aus 468 und 399.
☒ Bilde die Differenz der Zahlen 468 und 399. Subtrahiere diese vom Produkt der Zahlen 78 und 3.

4. a) 3 · 195 € + 4 · 390 € + 2 · 890 € =
585 € + 1560 € + 1780 € =
3925 €

b) 40 cm · 2 + 60 cm · 2 = 80 cm + 120 cm = 200 cm

c) 50 € − 8,50 € − 6,45 € − 4,28 € = 30,77 €

Terme mit Variablen

1. a) x + x + x + x = 4x
b) y + y + y = 3y
c) a + a + a + a + a = 5a
d) z + z + z + z + z + z + z = 7z
e) 3u + 5u − 6u = 2u
f) 24b + 2b − 10b = 14b
g) 15a + a − 2a = 14a
h) 20c − 17c + 6c = 9c

2. a) 45x − x · 15 + 12x = 42x
b) 630a + a · 80 − a · 200 = 510a
c) 0,5f + 11,5f − 3,5f = 8,5f
d) $\frac{1}{2}$m · 15 + 2,5m − 8m = 2m
e) 33d − d · 8 + d · 14 = 39d
f) 0,4z + 28,6z + z = 30z
g) 25a − 9a − a · 5 = 11a
h) 72y − 40y + y · 0,5 = 32,5y

3. a) 10 + 3x + x + 18 = 28 + 4x
b) 23a + 6 − 5a − 10 = 18a − 4
c) 52 − 4b + 20b − 32 = 20 − 16b
d) 19u − 50 + 31u + 60 = 50u + 10
e) 41z − 22z + 85 − 12z = 7z + 85
f) 73 + 15 + 29t − 3t = 88 + 26t
g) 8m − 2m + 68 − 17 = 6m + 51
g) v · 29 + 70 − 10v + 5,5 = 19v + 75,5

4.

x	3x	3x + 4x	7x	5x + 4	3x − 5 + 7x
x = 2	6	14	14	14	15
x = 3	9	21	21	19	25
x = 5	15	35	35	29	45
x = 7	21	49	49	39	65
x = 10	30	70	70	54	95

5. a) 70x + 50 − 30y − 20x + 340 − 12y = 50x + 390 − 42y
b) 14 − a · 6 + b · 11 − 20 + 21a − 10 b = −6 + 15a + b
c) 6,5y + 65 − 6,5z − 6,5 + y · 3,5 − 40z − 8 · 1,5 = 10y + 46,5 − 46,5z
d) f · 7 − 71 : 10 + 15s − 7f − 9s − s · 6 = −7,1
e) 8a − 14b + 83 · 5 − a · 6 + 6b − 13s = 2a − 8b + 415 − 13s

Lösungen – Terme und Gleichungen

Gleichungen aufstellen

1. a) $15 \cdot x = 570 \quad |:15$
$\underline{x = 38}$

b) $2{,}8 + 4{,}6 + x = 9{,}2 \quad |-2{,}8 - 4{,}6$
$\underline{x = 1{,}8}$

c) $20 + 2 \cdot 18 = x$
$20 + 36 = x$
$\underline{56 = x}$

d) $20 - 3{,}80 - 11{,}90 = x$
$\underline{4{,}30 = x}$

2. a) $x \cdot 12 = 204 \quad |:12$
$\underline{x = 17}$

b) $30x - 38 = 652 \quad |+38$
$30x = 690 \quad |:30$
$\underline{x = 23}$

c) $44 + 57 = x - 98 \quad |+98$
$\underline{199 = x}$

d) $69 - 50 = 9x \quad |:9$
$18 = 9x$
$\underline{2 = x}$

3. a) $4 \cdot 0{,}9 + 5 \cdot 1{,}45 + 8x = 28{,}45$
$3{,}60 + 7{,}25 + 8x = 28{,}45$
$10{,}85 + 8x = 28{,}45 \quad |-10{,}85$
$8x = 17{,}60 \quad |:8$
$\underline{x = 2{,}20}$

b) $42x + 84{,}30 = 453{,}90 \quad |-84{,}30$
$42x = 369{,}60 \quad |:42$
$\underline{x = 8{,}80}$

c) $520 \cdot 20 + x = 124000$
$10400 + x = 12400 \quad |-10400$
$\underline{x = 2000}$

4. a) $22x = 396 : 6$
$22x = 66 \quad |:22$
$\underline{x = 3}$

b) $660{,}4 : 25{,}4 - 85 = x - 312 \quad |+312$
$26 - 85 = x - 312$
$\underline{253 = x}$

c) $2{,}7x = -16{,}1 - 24{,}4$
$2{,}7x = -40{,}5 \quad |:2{,}7$
$\underline{x = -15}$

Gleichungen lösen

1. Löse die folgenden Gleichungen.

a) $20 + x = 150 \quad |-20$
$20 + x - 20 = 150 - 20$
$\underline{x = 130}$

b) $x - 50 = 20 \quad |+50$
$x - 50 + 50 = 20 + 50$
$\underline{x = 70}$

c) $5x = 70 \quad |:5$
$\underline{x = 14}$

d) $x : 4 = 25 \quad |\cdot 4$
$\underline{x = 100}$

2. Löse die folgenden Gleichungen.

a) $x + 25 = 97 - 32 \quad |-25$
$x + 25 - 25 = 97 - 32 - 25$
$\underline{x = 40}$

b) $x - 22 = 59 + 21 \quad |+22$
$x - 22 + 22 = 59 + 21 + 22$
$\underline{x = 102}$

c) $8 \cdot 3{,}5 = x - 18 \quad |+18$
$28 = x - 18$
$28 + 18 = x$
$\underline{46 = x}$

d) $x - 45 = 14 : 2{,}8$
$x - 45 = 5 \quad |+45$
$x - 45 + 45 = 5 + 45$
$\underline{x = 50}$

3. Erstelle für die Aufgaben 1 und 2 die Probe.

$20 + x = 150$
$20 + 130 = 150$
$\underline{150 = 150}$

$x - 50 = 20$
$70 - 50 = 20$
$\underline{20 = 20}$

$5x = 70$
$5 \cdot 14 = 70$
$\underline{70 = 70}$

$x : 4 = 25$
$100 : 4 = 25$
$\underline{25 = 25}$

$x + 25 = 97 - 32$
$40 + 25 = 65$
$\underline{65 = 65}$

$x - 22 = 59 + 21$
$102 - 22 = 80$
$\underline{80 = 80}$

$8 \cdot 3{,}5 = x - 18$
$28 = 46 - 18$
$\underline{28 = 28}$

$x - 45 = 14 : 2{,}8$
$50 - 45 = 5$
$\underline{5 = 5}$

4. Löse durch äquivalentes Umformen.

a) $3{,}4 + x = 18{,}6 \quad |-3{,}4$
$3{,}4 + x - 3{,}4 = 18{,}6 - 3{,}4$
$\underline{x = 15{,}2}$

b) $6 \cdot 4{,}5 = x - 25{,}5$
$27 = x - 25{,}5 \quad |+25{,}5$
$27 + 25{,}5 = x - 25{,}5 + 25{,}5$
$\underline{52{,}5 = x}$

c) $45{,}4 = x - 6 - 17{,}2 \quad |+6+17{,}2$
$45{,}4 + 6 + 17{,}2 = x - 6 - 17{,}2 + 6 + 17{,}2$
$\underline{68{,}6 = x}$

d) $5 : 0{,}2 = x - 16$
$25 = x - 16 \quad |+16$
$25 + 16 = x - 16 + 16$
$\underline{41 = x}$

e) $8{,}1 \cdot 7 = x - 28{,}7$
$56{,}7 = x - 28{,}7 \quad |+28{,}7$
$56{,}7 + 28{,}7 = x - 28{,}7 + 28{,}7$
$\underline{85{,}4 = x}$

f) $x - 94{,}7 = 66{,}4 : 4$
$x - 94{,}7 = 16{,}6 \quad |+94{,}7$
$x - 94{,}7 + 94{,}7 = 16{,}6 + 94{,}7$
$\underline{x = 111{,}3}$

Lösungen – Terme und Gleichungen

Gleichungen bei Geometrieaufgaben

1. a) $6,5 \text{ m} \cdot 4 \text{ m} = x$
$\underline{26 \text{ m}^2 = x}$

b) $26 \text{ m} \cdot x = 494 \text{ m}^2 \quad |:26 \text{ m}$
$\underline{x = 19 \text{ m}}$

c) $188 \text{ cm} : 4 = x$
$\underline{47 \text{ cm} = x}$

d) $x = 3 \text{ m} \cdot 3 \text{ m}$
$\underline{x = 9 \text{ m}^2}$

e) $70 \text{ cm} \cdot 50 \text{ cm} \cdot 20 \text{ cm} = x$
$\underline{700000 \text{ cm}^3 = x}$

f) $1,95 \text{ m} : 3 = x$
$\underline{0,65 \text{ m} = x}$

2. a) $230 \text{ m} - 2 \cdot 80 \text{ m} = 2x$
$230 \text{ m} - 160 \text{ m} = 2x$
$70 \text{ m} = 2x$
$\underline{35 \text{ m} = x}$

b) $4 \text{ m} \cdot 1,2 \text{ m} \cdot x = 3,36 \text{ m}^3 \quad |:4,8 \text{ m}^2$
$4,8 \text{ m}^2 \cdot x = 3,36 \text{ m}^3$
$\underline{x = 0,7 \text{ m}}$

c) $2,1 \text{ m} \cdot 0,9 \text{ m} \cdot x = 6,426 \text{ m}^3 \quad |:1,89 \text{ m}^2$
$1,89 \text{ m}^2 \cdot x = 6,426 \text{ m}^3$
$\underline{x = 3,4 \text{ m}}$

d) $2,10 \text{ m} - 2x = 0,5 \text{ m}$
$2,10 \text{ m} - 0,5 \text{ m} = 2x$
$1,60 \text{ m} = 2x \quad |:2$
$\underline{0,80 \text{ m} = x}$

e) $x = 150 \text{ cm} - 2 \cdot 45 \text{ cm}$
$x = 150 \text{ cm} - 90 \text{ cm}$
$\underline{x = 60 \text{ cm}}$

3. a) $x = 35 \text{ m} \cdot 24 \text{ m}$
$\underline{x = 840 \text{ m}^2}$

b) $x = 35 \text{ m} \cdot 2 + 24 \text{ m} \cdot 2$
$x = 70 \text{ m} + 48 \text{ m}$
$x = 70 \text{ m} + 48 \text{ m}$
$\underline{x = 118 \text{ m}}$

c) $x = 118 \text{ m} - 1,20 \text{ m} \cdot 2 - 4 \text{ m} - 5 \text{ m}$
$x = 118 \text{ m} - 2,40 \text{ m} - 9 \text{ m}$
$\underline{x = 106,6 \text{ m}}$

Terme mit zwei Variablen

1. a) $a + a + b + b = 2a + 2b$
b) $x + x + y + y + y + y = 2x + 4y$
c) $5u + 4z - 3u + z = 2u + 5z$
d) $20c - 15c + 40f + 12f = 5c + 52f$
e) $6d - 3s - 5d + 7s = d + 4s$
f) $23a - 3m - 13a + 3m = 10a$
g) $10z + 9g + g - 7z = 3z + 10g$
h) $y + x + 3x - 2y + 5y = 4x + 4y$

2. a) $35x - x \cdot 12 + 5y - 30y + 70 - 40 - 8 = 23x - 25y + 22$
b) $0,5t + 3,5a + 4,5 - 1,5a + 9,7t + 15,5 = 10,2t + 2a + 20$
c) $8,4b + 7,6r + 22,9 - 19,4 - 5,2r + 18,7b = 27,1b + 2,4r + 3,5$
d) $2,4p + 17,3f - 3 \cdot 4,5 - 7,6p - 27f + 8 = -5,2p - 9,7f - 5,5$
e) $-74 + 8b - a \cdot 3 + 19 - b \cdot 7 + 80 \cdot a = -55 + b + 77a$
f) $\frac{1}{2}s + 12,5t + 61,4 + 2,5s - 40 : 10 - 5,3t = 3s + 7,2t + 57,4$

3. a) $11 - 7,3a + 4\frac{1}{4}b + 8,9 + 23b + 0,3a = 19,9 - 7a + 27\frac{1}{4}b$
b) $2\frac{3}{4}x + \frac{11}{8} + 45\frac{1}{2}x - 0,125 + \frac{62}{5}y + 10,5y = 48\frac{1}{4}x + 1,25 + 22,9y$
c) $\frac{49}{10}z + 8,4 + 90n - 13,8n + 7,6 - 3\frac{1}{5}z = 1\frac{7}{10}z + 16 + 76,2n$
d) $\frac{75}{8}f - 6 \cdot \frac{3}{4} + 20 : 2\frac{1}{2} - 9g + \frac{1}{8}f \quad 2\frac{2}{3}g = 9,5f + 3,5 - 11\frac{2}{3}g$

4. a) $0,5 \cdot 60 - 14\frac{1}{2} \cdot 7\frac{1}{4} + 8,7b - \frac{1}{4}b + 22,8c - 2\frac{3}{5}c = 28 + 8,45b - 20,2c$
b) $5\frac{4}{5}c + 2,2c + 6 : \frac{1}{4} - 5\frac{1}{2} - 37,4a + 5\frac{9}{10}a = 8c + 18,5 - 31,5a$
c) $5\frac{1}{3} - 12,4y + 8\frac{1}{3}x + 7,125 + 2\frac{3}{4}y + 18\frac{7}{8} = 13\frac{2}{3}x - 9,65y + 26$
d) $6 : 0,2 - 14,1 + 8\frac{3}{5}a - 5\frac{1}{4}b - 2,5a + 7,75b = 15,9 + 6,1a + 2,5b$

5. a) $x = 4a + 4b + 4c$
b) $x = 2x + 2y + 4z$
c) $x = 4f + 4g$

6. a) $U = 4x + 2y + z$
b) $U = 4a + 6b$
c) $U = 4b + 4r \cdot (4b + 4c)$

Lösungen – Terme und Gleichungen

TERME UND GLEICHUNGEN – NEUE AUFGABENFORMEN

1. „Subtrahiere von der Summe der Zahlen 78 und 23 das Produkt aus 12 und 3." Kreuze den richtigen Term an und berechne bei allen Termen die Lösung.

- ☐ 78 − 23 − 12 · 3 = 55 − 36 = 19
- ☐ 78 + 23 − 12 : 3 = 91 − 4 = 97
- ☐ 78 + 23 + 12 : 3 = 101 + 4 = 105
- ☒ 78 + 23 − 12 · 3 = 101 − 36 = 65
- ☐ 78 − 23 − 12 : 3 = 55 − 4 = 51

2. Ergänze die Tabelle.

x	2x	4x + 1	5x − 2	9x + 7	20x − 8
2	4	9	8	25	32
3	6	13	13	34	52
5	10	21	23	52	92
10	20	41	48	97	192
20	40	81	98	187	392

3. Ein Quader mit einem Volumen von 31 920 cm³ hat eine Länge von 60 cm und eine Höhe von 14 cm. Wie breit ist dieser Quader?

4. a) $J = 2 \cdot a + 2 \cdot b$

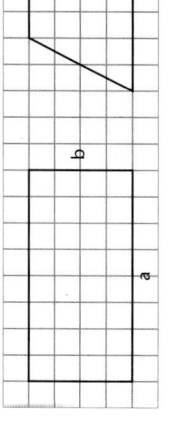

b) $U = 3x$

c) $U = a + 2b$

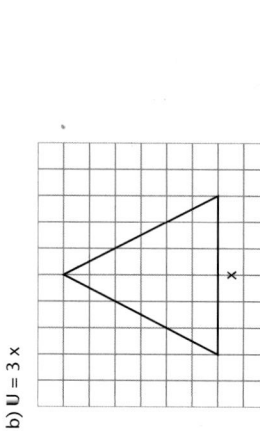

VOM TEXT ZUR GLEICHUNG

1. Frau Gärtner: x → 50000
Herr Braun: 0,5 x → 25000
Herr Kraus: 0,5 x − 20000 → 5000
Gesamt: 80000   80000

Ansatz: x + 0,5 x + 0,5 x − 20 000 = 80 000 | + 20 000
2 x = 100 000 | : 2
x = 50 000

Antwort: Frau Gärtner erhält 50 000 €, Herr Braun 25 000 € und Herr Kraus 5 000 €.

2. a) 1. Stück: x − 11   12
2. Stück: x   23
3. Stück: x + 2   25
Gesamt: 60   60

x − 11 + x + x + 2 = 60
3x = 69 | : 3
x = 23

c) Tina: x + 3   21
Lukas: x   18
Gesamt: 39   39

x + 3 + x = 39
2x = 36 | : 2
x = 18

b) 1. Zahl: x   43
2. Zahl: x + 2   45
3. Zahl: x + 4   47
Gesamt: 135   135

x + x + 2 + x + 4 = 135
3x = 129 | : 3
x = 43

d) 7a: $\frac{1}{3}x$ 80
7b: $\frac{1}{6}x$ 40
7c: 120   120
Gesamt: x   240

$\frac{1}{3}x + \frac{1}{6}x + 120 = x$
$120 = \frac{6}{6}x − \frac{2}{6}x − \frac{1}{6}x$ | · 2
$120 = \frac{3}{6}x$
$240 = x$

e) Michael: 2x − 20   74
Paul: x   47
Marie: $\frac{3x − 20}{2}$ 60,50
Lena: $\frac{3x − 20}{2} − 20$ 40,50
Gesamt: 222,00

2x − 20 + x + 1,5x − 10 + 1,5x − 10 − 20 = 222
6x = 282 | : 6
x = 47

Umfang und Fläche von Rechteck und Parallelogramm

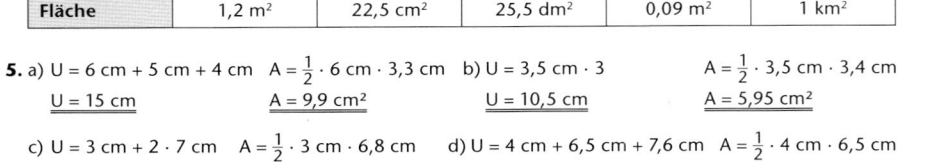

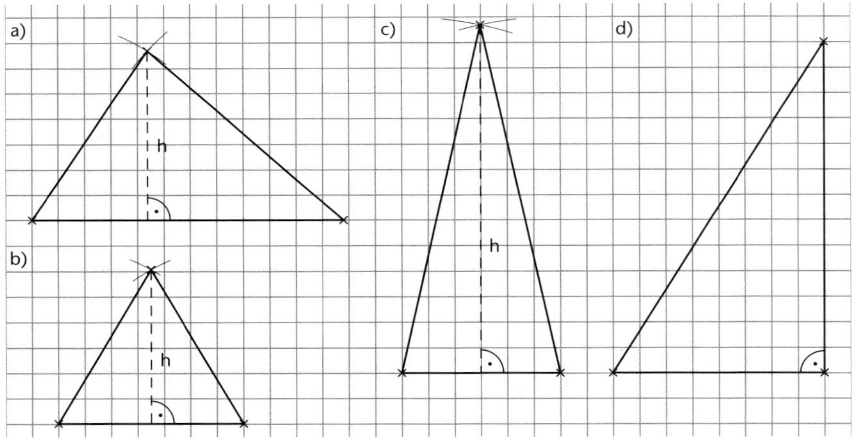

1.

Länge a	30 cm	7,5 dm	3,4 m	48 cm	5 m
Breite b	12 cm	24 cm	15 cm	10 cm	0,4 m
Umfang U	84 cm	198 cm	71 dm	116 cm	10,8 m
Fläche A	360 cm²	1800 cm²	51 dm²	480 cm²	2 m²

2.

Grundseite a	20 cm	45 cm	5 dm	64 cm	2 m
Seite b	8 cm	10 cm	12 cm	18 cm	25 cm
Höhe h	5 cm	7 cm	10 cm	12 cm	18 cm
Umfang U	56 cm	110 cm	12,4 dm	1,64 m	450 cm
Fläche A	100 cm²	315 cm²	5 dm²	0,0768 m²	36000 cm

3. a) U = 2 · 4 cm + 2 · 1,5 cm A = 4 cm · 1,5 cm
U = 8 cm + 3 cm A = 6 cm²
U = 11 cm

b) U = 2 · 8 cm + 2 · 3 cm   A = 8 cm · 2,4 cm
U = 16 cm + 6 cm   A = 19,2 cm²
U = 22 cm

c) U = 2 · 3,5 cm + 2 · 6,5 cm A = 3,5 cm · 6,5 cm
U = 7 cm + 13 cm A = 22,75 cm²
U = 20 cm

d) U = 2 · 3 cm + 2 · 5,5 cm A = 3 cm · 5 cm
U = 6 cm + 11 cm A = 15 cm²
U = 17 cm

e) U = 2 · 1,5 cm + 2 · 6 cm A = 1,5 cm · 5 cm
U = 3 cm + 12 cm A = 7,5 cm²
U = 15 cm

4. Zeichne, benenne und berechne.

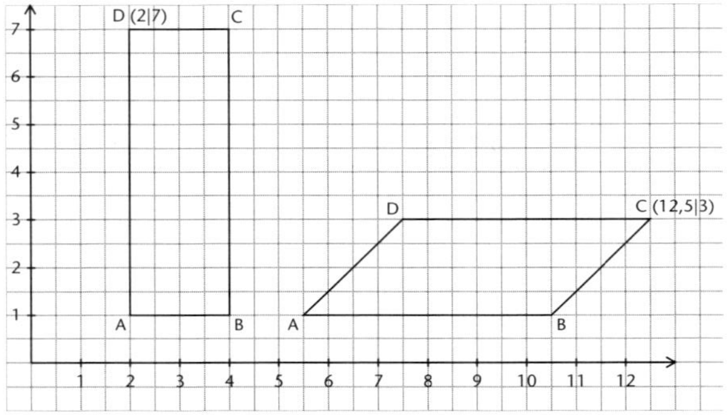

a) U = 2 cm · 2 + 6 cm · 2
U = 4 cm + 12 cm
U = 16 cm

A = 2 cm · 6 cm
A = 12 cm²

b) U = 5 cm · 2 + 3 cm · 2
U = 10 cm + 6 cm
U = 16 cm

A = 5 cm · 2 cm
A = 10 cm²

Umfang und Fläche des Dreiecks

1.

Seite a	5 cm	4,5 m	52 dm	17,4 cm	2,1 km
Seite b	7 cm	30 dm	37 dm	22,8 cm	1200 m
Seite c	10 cm	23 dm	28 dm	33,3 cm	1450 m
Umfang	22 cm	9,8 m	11,7 m	0,735 m	4,75 km

2.

Grundseite	12 cm	2 dm	6,4 m	130 cm	4 km
Schenkel	8 cm	1,5 dm	3,7 m	1,1 m	2,5 km
Umfang	28 cm	50 cm	13,8 m	35 dm	9000 m

3.

Seite	35 cm	7 dm	5,4 m	3,8 km
Umfang	105 cm	2,1 m	162 dm	11400 m

4.

Grundseite	2,4 m	30 cm	8,5 dm	0,9 m	5 km
Höhe	1 m	1,5 dm	60 cm	20 cm	0,4 km
Fläche	1,2 m²	22,5 cm²	25,5 dm²	0,09 m²	1 km²

5. a) U = 6 cm + 5 cm + 4 cm   A = ½ · 6 cm · 3,3 cm
U = 15 cm   A = 9,9 cm²

b) U = 3,5 cm · 3
U = 10,5 cm
A = ½ · 3,5 cm · 3,4 cm
A = 5,95 cm²

c) U = 3 cm + 2 · 7 cm   A = ½ · 3 cm · 6,8 cm
U = 3 cm + 14 cm   A = 10,2 cm²
U = 17 cm

d) U = 4 cm + 6,5 cm + 7,6 cm A = ½ · 4 cm · 6,5 cm
5 cm + 7,6 cm   A = 13 cm²
U = 18,1 cm

Rauminhalt und Oberfläche von Quadern

2. Quader 1: 48 cm³; Quader 2: 0,75 m³; Quader 3: 1 800 dm³; Quader 4: 11,2 dm³; Quader 5: 2 m³

3. Quader 1: 180 cm²; Quader 2: 1 032 cm²; Quader 3: 10 m²; Quader 4: 392 dm²; Quader 5: 1 324 dm²

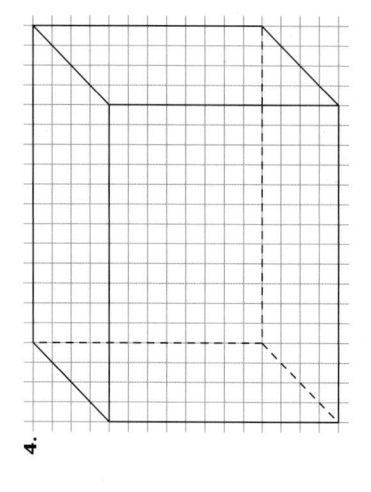

4.

$V = 60 \text{ cm} \cdot 40 \text{ cm} \cdot 20 \text{ cm}$
$\underline{V = 48000 \text{ cm}^3}$

$A = (60 \text{ cm} \cdot 40 \text{ cm}) \cdot 2 + (60 \text{ cm} \cdot 20 \text{ cm}) \cdot 2 + (40 \text{ cm} \cdot 20 \text{ cm}) \cdot 2$
$A = 4800 \text{ cm}^2 + 2400 \text{ cm}^2 + 1600 \text{ cm}^2$
$\underline{A = 8800 \text{ cm}^2}$

5. a) $V = 60 \text{ cm} \cdot 35 \text{ cm} \cdot 35 \text{ cm} - 15 \text{ cm} \cdot 10 \text{ cm} \cdot 35 \text{ cm}$
$V = 73500 \text{ cm}^3 - 5250 \text{ cm}^3$
$\underline{V = 68250 \text{ cm}^3}$

$A = (60 \text{ cm} \cdot 35 \text{ cm} - 15 \text{ cm} \cdot 10 \text{ cm}) \cdot 2 + 35 \text{ cm} \cdot 35 \text{ cm} \cdot 2 + (60 \text{ cm} \cdot 35 \text{ cm}) \cdot 2 + 10 \text{ cm} \cdot 35 \text{ cm} \cdot 2$
$A = (2100 \text{ cm}^2 - 150 \text{ cm}^2) \cdot 2 + 1225 \text{ cm}^2 \cdot 2 + 2100 \text{ cm}^2 \cdot 2 + 350 \text{ cm}^2 \cdot 2$
$A = 3900 \text{ cm}^2 + 2400 \text{ cm}^2 + 4200 \text{ cm}^2 + 700 \text{ cm}^2$
$\underline{A = 11250 \text{ cm}^2}$

b) $V = 50 \text{ cm} \cdot 40 \text{ cm} \cdot 30 \text{ cm} - 30 \text{ cm} \cdot 10 \text{ cm} \cdot 40 \text{ cm} \cdot 24 \text{ cm}$
$V = 60000 \text{ cm}^3 - 28800 \text{ cm}^3$
$\underline{V = 31200 \text{ cm}^3}$

$A = 50 \text{ cm} \cdot 40 \text{ cm} \cdot 2 + 40 \text{ cm} \cdot 30 \text{ cm} \cdot 2 + (50 \text{ cm} \cdot 30 \text{ cm} - 30 \text{ cm} \cdot 24 \text{ cm}) \cdot 2 + 30 \text{ cm} \cdot 40 \text{ cm} \cdot 2 + 24 \text{ cm} \cdot 40 \text{ cm} \cdot 2$
$A = 4000 \text{ cm}^2 + 2400 \text{ cm}^2 + 1560 \text{ cm}^2 + 2400 \text{ cm}^2 + 1920 \text{ cm}^2$
$\underline{A = 12280 \text{ cm}^2}$

c) $V = 40 \text{ cm} \cdot 30 \text{ cm} \cdot 30 \text{ cm} - 10 \text{ cm} \cdot 10 \text{ cm} \cdot 30 \text{ cm}$
$V = 36000 \text{ cm}^3 - 6000 \text{ cm}^3$
$\underline{V = 30000 \text{ cm}^3}$

$A = 40 \text{ cm} \cdot 30 \text{ cm} \cdot 2 + (40 \text{ cm} \cdot 30 \text{ cm} - 10 \text{ cm} \cdot 10 \text{ cm} \cdot 2) \cdot 2 + 30 \text{ cm} \cdot 30 \text{ cm} \cdot 2 + 10 \text{ cm} \cdot 30 \text{ cm} \cdot 4$
$A = 2400 \text{ cm}^2 + 2000 \text{ cm}^2 + 1800 \text{ cm}^2 + 1200 \text{ cm}^2$
$\underline{A = 7400 \text{ cm}^2}$

Rauminhalt und Oberfläche von drei- und vierseitigen Prismen

1. a) $V = \frac{40 \text{ cm} \cdot 16,6 \text{ cm}}{2} \cdot 60 \text{ cm}$
$V = 332 \text{ cm}^2 \cdot 60 \text{ cm}$
$\underline{V = 19920 \text{ cm}^3}$

$A = \frac{40 \text{ cm} \cdot 16,6 \text{ cm}}{2} \cdot 2 + 40 \text{ cm} \cdot 60 \text{ cm} + 60 \text{ cm} \cdot 20 \text{ cm} \cdot 2$
$A = 664 \text{ cm}^2 + 2400 \text{ cm}^2 + 3120 \text{ cm}^2$
$\underline{A = 6184 \text{ cm}^2}$

b) $V = \frac{3,80 \text{ m} \cdot 1,6 \text{ cm}}{2} \cdot 6,20 \text{ m}$
$V = 3,04 \text{ m}^2 \cdot 6,20 \text{ m}$
$\underline{V = 18,848 \text{ m}^3}$

$A = \frac{3,80 \text{ m} \cdot 1,6 \text{ cm}}{2} \cdot 2 + 3,80 \text{ m} \cdot 6,20 \text{ m} + 4,1 \text{ m} \cdot 6,20 \text{ m} + 1,60 \text{ m} \cdot 6,20 \text{ m}$
$A = 6,08 \text{ m}^2 + 23,56 \text{ m}^2 + 25,42 \text{ m}^2 + 9,92 \text{ m}^2$
$\underline{A = 64,98 \text{ m}^2}$

c) $V = \frac{90 \text{ cm} \cdot 26,5 \text{ cm}}{2} \cdot 20 \text{ cm}$
$\underline{V = 23850 \text{ cm}^3}$

$A = \frac{90 \text{ cm} \cdot 26,5 \text{ cm}}{2} \cdot 2 + 20 \text{ cm} \cdot 40 \text{ cm} + 20 \text{ cm} \cdot 65,6 \text{ cm} + 90 \text{ cm} \cdot 20 \text{ cm}$
$A = 2385 \text{ cm}^2 + 800 \text{ cm}^2 + 1312 \text{ cm}^2 + 1800 \text{ cm}^2$
$\underline{A = 6297 \text{ cm}^2}$

d) $V = \frac{40 \text{ cm} + 30 \text{ cm}}{2} \cdot 20 \text{ cm} \cdot 60 \text{ cm}$
$\underline{V = 42000 \text{ cm}^3}$

$A = 40 \text{ cm} \cdot 60 \text{ cm} + \frac{40 \text{ cm} + 30 \text{ cm}}{2} \cdot 20 \text{ cm} \cdot 2 + 22 \text{ cm} \cdot 60 \text{ cm} + 20 \text{ cm} \cdot 60 \text{ cm} + 30 \text{ cm} \cdot 60 \text{ cm}$
$A = 2400 \text{ cm}^2 + 1400 \text{ cm}^2 + 1320 \text{ cm}^2 + 1200 \text{ cm}^2 + 1800 \text{ cm}^2$
$\underline{A = 8120 \text{ cm}^2}$

e) $V = 10 \text{ cm} \cdot 4 \text{ cm} \cdot 30 \text{ cm}$
$\underline{V = 1200 \text{ cm}^3}$

$A = 10 \text{ cm} \cdot 4,5 \text{ cm} \cdot 2 + 10 \text{ cm} \cdot 30 \text{ cm} \cdot 2 + 4,5 \text{ cm} \cdot 30 \text{ cm} \cdot 2$
$A = 90 \text{ cm}^2 + 600 \text{ cm}^2 + 270 \text{ cm}^2$
$\underline{A = 960 \text{ cm}^2}$

f) $V = \frac{90 \text{ cm} \cdot 15 \text{ cm}}{2} \cdot 2 \cdot 120 \text{ cm}$
$V = 1350 \text{ cm}^2 \cdot 120 \text{ cm}$
$\underline{V = 162000 \text{ cm}^3}$

$A = \frac{90 \text{ cm} \cdot 15 \text{ cm}}{2} \cdot 2 \cdot 2 + 68 \text{ cm} \cdot 120 \text{ cm} \cdot 2 + 25 \text{ cm} \cdot 120 \text{ cm} \cdot 2$
$A = 2700 \text{ cm}^2 + 16320 \text{ cm}^2 + 6000 \text{ cm}^2$
$\underline{A = 25020 \text{ cm}^2}$

Fläche und Umfang von Trapez, Drachen und Raute

1.

	Trapez 1	Trapez 2	Trapez 3	Trapez 4	Trapez 5
Umfang	19,5 cm	26 m	29,5 cm	32 cm	35 m
Fläche	16,25 cm²	36 m²	38,5 cm²	36 cm²	46 m²

2.

	Drachen 1	Drachen 2	Drachen 3	Drachen 4	Drachen 5
Umfang	14 cm	19 cm	12 m	22 m	33 cm
Fläche	12 cm²	16 cm²	7,5 m²	22,5 m²	45 cm²

3.

	Raute 1	Raute 2	Raute 3	Raute 4	Raute 5
Umfang	16 cm	20 m	8 cm	28 cm	40 m
Fläche	14 cm²	24 m²	2 cm²	32,5 cm²	93,5 m²

4.

	Raute 1	Raute 2	Raute 3	Raute 4	Raute 5
Umfang	20 cm	28 cm	40 m	50 m	60 cm
Fläche	10 cm²	28 cm²	60 m²	75 m²	120 cm²

Geometrie 2 – neue Aufgabenformen

1. Tischtennisplatte
Rechteck: 2,70 m × 1,50 m;
$U = 2 \cdot a + 2 \cdot b$; $A = a \cdot b$;
$U = 2 \cdot 2,70 \text{ m} + 2 \cdot 1,50 \text{ m} = 5,40 \text{ m} + 3 \text{ m}$
$= 8,40 \text{ m}$
$A = 2,70 \text{ m} \cdot 1,50 \text{ m} \approx 40 \text{ m}^2$

Pullover
Raute: Seite 10 cm; Höhe 9 cm
$U = 4 \cdot a$; $A = a \cdot h$;
$U = 4 \cdot 10 \text{ cm} = 40 \text{ cm}$
$A = 10 \text{ cm} \cdot 9 \text{ cm} = 90 \text{ cm}^2$

Rechteckige Fliesen
Rechteck: 20 cm × 40 cm
$U = 2 \cdot a + 2 \cdot b$; $A = a \cdot b$;
$U = 2 \cdot 20 \text{ cm} + 2 \cdot 40 \text{ cm} = 40 \text{ cm} + 80 \text{ cm}$
$= 120 \text{ cm}$
$A = 20 \text{ cm} \cdot 40 \text{ cm} = 800 \text{ cm}^2$

Weiße Sportheimwand
Trapez:
Seitenlängen – links 2,80 m, unten 6 m, rechts 2,40m, oben schräg 6,20 m;
$U = a + b + c + d$; $A = (a + c) \cdot 2 \cdot h$;
$U = 6 \text{ m} + 2,40 \text{ m} + 6,20 \text{ m} + 2,80 \text{ m} = 17,4 \text{ m}$
$A = (2,80 \text{ m} + 2,40 \text{ m}) : 2 \cdot 6 \text{ m} = 15,6 \text{ m}^2$

Quadratische Fliesen
Quadrat: 20 cm
$U = 4 \cdot a$; $A = a \cdot a$;
$U = 4 \cdot 20 \text{ cm} = 80 \text{ cm}$
$A = 20 \text{ cm} \cdot 20 \text{ cm} = 400 \text{ cm}^2$

2. Baumhaus (ohne Öffnungen)
Quader als Basis und eine Dreiecksäule als Dach:
Breite: 1,20 m; Länge 1,50 m; Höhe Quader 1 m; Höhe Dachfirst 1 m; Dachlänge 1,40 m;
Boden: $A = 1,20 \text{ m} \cdot 1,50 \text{ m} = 1,8 \text{ m}^2$;
Quaderwand links und rechts: $A = (1,50 \text{ m} \cdot 1 \text{ m}) \cdot 2 = 3 \text{ m}^2$;
Quaderwand vorne und hinten: $A = (1,20 \text{ m} \cdot 1 \text{ m}) \cdot 2 = 2,40 \text{ m}^2$;
Giebel vorne und hinten: $A = (g \cdot h) : 2 \cdot 2 = (1,20 \text{ m} \cdot 1 \text{ m}) : 2 \cdot 2 = 1,20 \text{ m}^2$;
Dach: $A = a \cdot b \cdot 2 = (1,50 \text{ m} \cdot 1,40 \text{ m}) \cdot 2 = 2,10 \text{ m}^2$;
Gesamtfläche: 10,50 m²

Volumen: Quader + Dreiecksäule
$V = a \cdot b \cdot h_k + (g \cdot h) : 2 \cdot h_k$ (Grundseite ist vorne!)
$V = 1,20 \text{ m} \cdot 1 \text{ m} \cdot 1,50 \text{ m} + (1,20 \text{ m} \cdot 1 \text{ m}) : 2 \cdot 1,50 \text{ m} = 1,8 \text{ m}^3 + 0,9 \text{ m}^3 = 2,7 \text{ m}^3$

Toblerone
Dreiecksäule: Grundseite 3 cm, Höhe 2,6 cm; Körperhöhe 17 cm
Drei Rechtecke: $A = (a \cdot b) \cdot 3 + (g \cdot h) : 2$
$= (17 \text{ cm} \cdot 3 \text{ cm}) \cdot 3 + (3 \text{ cm} \cdot 2,6 \text{ cm}) : 2 \cdot 2$
$= 153 \text{ cm}^2 + 7,8 \text{ cm}^2 = 160,8 \text{ cm}^2$
Volumen: $V = (g \cdot h) : 2 \cdot h_k = (3 \text{ cm} \cdot 2,6 \text{ cm}) : 2 \cdot 17 \text{ cm} = 66,3 \text{ cm}^3$

Pflastersteine
Quadratsäule: 16 cm × 16 cm × 8 cm;
Rechtecksäule: 16 cm × 24 cm × 8 cm;
Quadratsäule: $A = (a \cdot a) \cdot 2 + (a \cdot b) \cdot 4 = (8 \text{ cm} \cdot 8 \text{ cm}) \cdot 2 + (8 \text{ cm} \cdot 16 \text{ cm}) \cdot 4$
$= 128 \text{ cm}^2 + 512 \text{ cm}^2 = 640 \text{ cm}^2$
$V = a \cdot b \cdot h_k = 16 \text{ cm} \cdot 16 \text{ cm} \cdot 8 \text{ cm} = 2048 \text{ cm}^3$

Rechtecksäule: $A = (a \cdot b) \cdot 2 + (a \cdot c) \cdot 2 + (b \cdot c) \cdot 2$
$= (24 \text{ cm} \cdot 16 \text{ cm}) \cdot 2 + (24 \text{ cm} \cdot 8 \text{ cm}) \cdot 2 + (16 \text{ cm} \cdot 8 \text{ cm}) \cdot 2$
$= 768 \text{ cm}^2 + 384 \text{ cm}^2 + 256 \text{ cm}^2 = 1408 \text{ cm}^2$
$V = a \cdot b \cdot h_k = 24 \text{ cm} \cdot 16 \text{ cm} \cdot 8 \text{ cm} = 3072 \text{ cm}^3$

Lösungen – Geometrie 2

Proportionale Funktionen graphisch darstellen

1.

Zeit	1 h	2 h	3 h	4 h	5 h	8 h	10 h
Weg	900 km	1800 km	2700 km	3600 km	4500 km	7200 km	9000 km

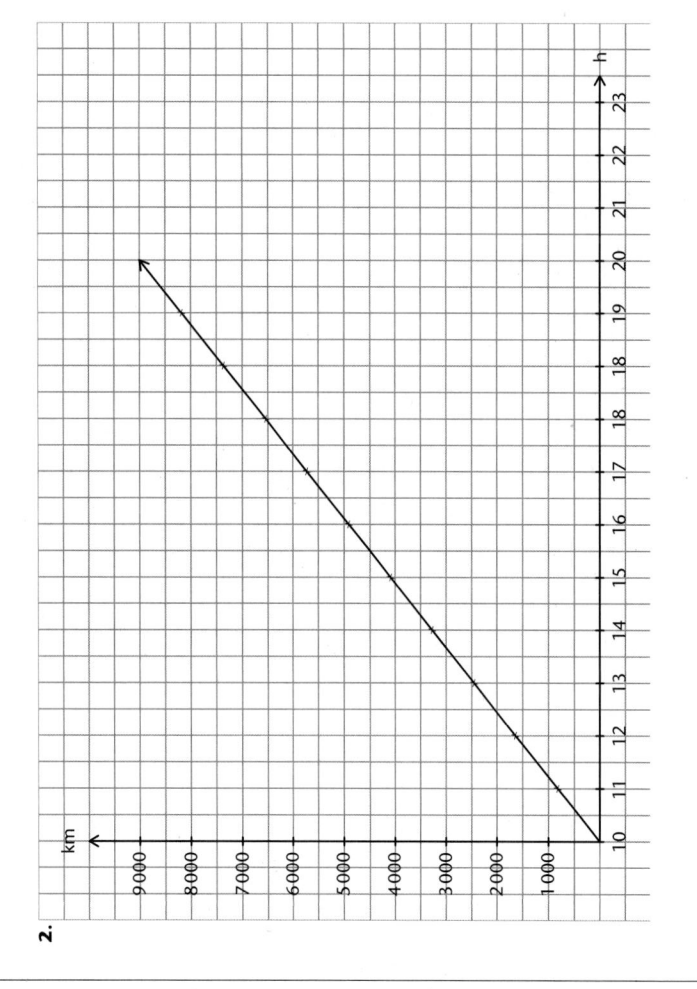

2.

3. Ein weiteres Wertepaar genügt, weil zusammen mit dem Punkt 0/0 das Zeichnen einer Halbgerade möglich ist.

4. Um genau zeichnen zu können, bieten sich die Wertepaare 15 Uhr/4500 km und 20 Uhr/9000 km an, weil diese beiden Wertepaare in dem Koordinatensystem genau gezeichnet werden können.

Proportionale Funktionen berechnen

1. a)

Länge	Preis
2 m	8 €
3 m	12 €
7 m	28 €
9 m	36 €
10 m	40 €

b)

Liter	Preis
3 ℓ	3,60 €
5 ℓ	6,00 €
8 ℓ	9,60 €
10 ℓ	12,00 €
20 ℓ	24,00 €

c)

Zeit	Preis
4 s	628 m
5 s	785 m
10 s	1570 m
15 s	2355 m
45 s	7065 m

2. Wenn man für 15 Stunden Arbeit 189,60 € erhält, dann bekommt man für eine Stunde Arbeit den 15. Teil, also 189,60 € : 15 = 12,64 €.
Wenn man für eine Stunde Arbeit 15,20 € erhält, dann bekommt man für 28 Stunden 28-mal so viel, also 15,20 € · 28 = 425,60 €.

3. ⊗ Ein Liter Milch kostet 1,06 €. Drei Liter kosten 3,18 €.
⊗ Eine Pumpe fördert in einer Minute 60 ℓ Wasser. In 30 Sekunden liefert sie 30 ℓ Wasser.
☐ Im Supermarkt kosten 5 kg Äpfel 6,50 €. 2 kg kosten 3,30 €.
⊗ Für 400 km verbraucht ein Pkw 32,8 ℓ Benzin. Für 150 km verbraucht er 12,3 ℓ.

4. a) Wert eines Anteils: 384 € : 3 = 128 €
Wert von Herrn Zwacks 5 Anteilen: 128 € · 5 = 640 €
b) Anteile von Herrn Korber: 12 – 3 – 5 = 4
Wert der Anteile: 128 € · 4 = 512 €
c) Gewinn insgesamt: 384 € + 640 € + 512 € = 1536 €

5. Färber: 69 120 € : 640 m² = 108 €/m²
Mandlik: 73 160 € : 590 m² = 124 €/m²
Stix: 108 €/m² + 11 €/m² = 119 €/m²
Durchschnittlicher Preis: (108 €/m² + 124 €/m² + 119 €/m²) : 3 = 117 €/m²

6. Das ist eine umgekehrt proportionale Funktion.
4 Arbeiter → 5 Arbeitstage
8 Arbeiter → 2½ Arbeitstage

FUNKTIONEN UND GRÖSSEN – NEUE AUFGABENFORMEN

1. a)

Stück	Preis
2	1,80 €
3	2,70 €
5	4,50 €
7	6,30 €
10	9 €

b)

Entfernung	Fahrpreis
100 km	14 €
200 km	28 €
500 km	70 €
800 km	112 €
1000 km	140 €

c)

Länge	Gewicht
3 m	4,50 kg
5 m	7,50 kg
8 m	12 kg
12 m	18 kg
20 m	30 kg

2. a) Wenn ein Liter Benzin 1,60 € kostet, dann kosten 5 Liter Benzin 8 €.
b) Wenn ein Pkw mit einer durchschnittlichen Geschwindigkeit von 80 km/h in 5 Stunden 400 km fährt, dann fährt er bei gleichbleibender Geschwindigkeit in 8 Stunden 640 km.
c) Wenn zwei Liter Farbe für eine Fläche von 5 m² reichen, dann benötigt man für 20 m² 8 Liter Farbe.
d) Wenn vier Pumpen eine Leistung von 5000 ℓ pro Stunde erbringen, dann erbringen 10 Pumpen eine Leistung von 12500 l pro Stunde.
f) Wenn ein Grundstück bei einer Größe von 600 m² 48000 € kostet, dann kostet ein Grundstück mit einer Größe von 700 m² 56000 €.

3.

Stunde	1	2	4	5	6	8	10
Kilometer	80	160	320	400	480	640	800

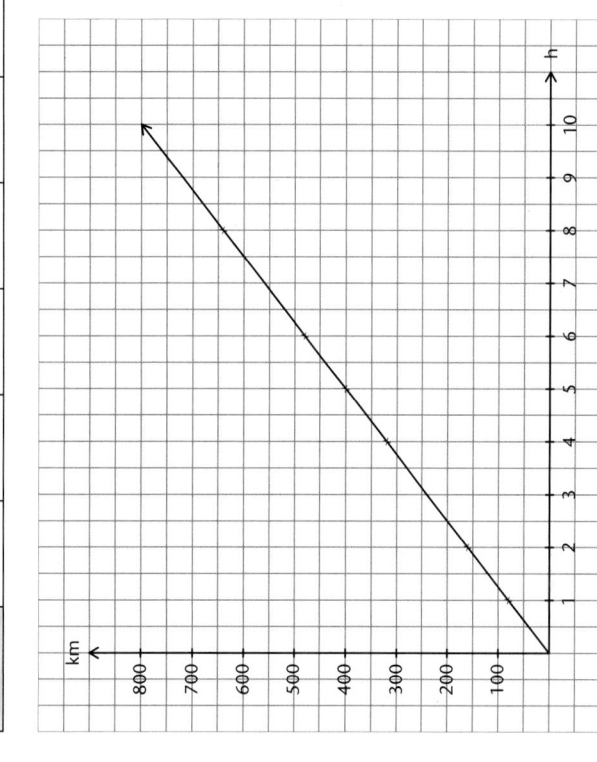

FUNKTIONSGLEICHUNGEN

1.

x	1	2	3	4	5	6	7	9	10
y	2	4	6	8	10	12	14	18	20

2.

x	2	5	8	10	12	15	20	30	100
y	3	7,5	12	15	18	22,5	30	45	150

3.

x	5	8	10	15	20	24	36	40	50
y	3	4,8	6	9	12	14,4	21,6	24	30

4.

x	0	1	2	3	4	5	6	7	8
y	0	2,5	5	7,5	10	12,5	15	17,5	20

Auer empfiehlt

Die optimale Ergänzung zu diesem Buch:

Hoppe, Peter/Kümmel, Anne

Mathe an Stationen spezial | Figuren und Körper 5–7

Übungsmaterial zu den Kernthemen der Bildungsstandards Klasse 5-7

Mit der Stationen-Reihe trainieren Ihre Schüler gleichzeitig methodische und inhaltliche Lernziele. Die handlungsorientierte Arbeit an Stationen fördert das selbstständige Lernen jedes einzelnen Schülers. Durch die Vielfalt der Aufgabenstellungen und damit auch der Lösungswege lernen alle Schüler trotz unterschiedlichster Lernvoraussetzungen besonders nachhaltig. Die einzelnen Stationen decken alle Inhalte zu Figuren und Körpern aus den Lehrplänen Mathematik für die Klassen 5 bis 7 ab. So gelingt es Ihnen, Methodenlernen sinnvoll in Ihren Unterricht zu integrieren! Die Materialien sind auch für fachfremd unterrichtende Lehrer geeignet.

Die Themen:

Eigenschaften von Figuren | Flächeninhalt und Umfang von Figuren | Körpereigenschaften | Oberfläche und Volumen

88 S., DIN A4
▸ Best-Nr. **06951**

WWW.AUER-VERLAG.D
WEBSERVIC
www.auer-verlag.de/go/
6951

Blättern im Buch
Download
Leseprobe
Hörprobe

In dieser Reihe bereits erschienen

Bettner, M./Dinges, E.
Mathe an Stationen 7
Übungsmaterial zu den Kernthemen der Bildungsstandards | Klasse 7
96 S., DIN A4
▸ Best-Nr. **06418**

Breidenbach, C.
Mathe an Stationen | Bruchrechnen
Bruchrechnen in der Sekundarstufe I
84 S., DIN A4
▸ Best-Nr. **06776**

Bestellschein (bitte kopieren und faxen/senden)

Ja, bitte senden Sie mir gegen Rechnung:

Anzahl	Best.-Nr.	Kurztitel
	06951	Mathe a. Stat.	Figuren & Körper
	06418	Mathe an Stationen	Klasse 7
	06776	Mathe a. Stat.	Bruchrechnen

☐ Ja, ich möchte per E-Mail über Neuerscheinungen und wichtige Termine informiert werden.

E-Mail

Auer Verlag
Postfach 1152
86601 Donauwörth

Fax: 09 06 / 73-178
oder einfach anrufen:
Tel.: 09 06 / 73-240
(Mo-Do 8:00-16:00 & Fr 8:00-13:00)
E-Mail: info@auer-verlag.d

Aktionsnummer: 9066

Absender:

Vorname, Nachname

Straße, Hausnummer

PLZ, Ort

Datum, Unterschrift